ⓈⓈ新潮新書

廣井亮一
HIROI Ryoichi

悪さをしない子は悪人になります

981

新潮社

はじめに――非行少年と「悪」

私はかつて家庭裁判所調査官として、「悪」と呼ばれる数千人の非行少年たちと関わってきました。大学に転じてからは、研究の一環としてスクールカウンセラーや教育相談、子育て相談をしてきました。また、成人の犯罪者の心理鑑定などを通して、犯罪者が生まれてから事件を起こすまでの詳細な生育歴を調査してきました。そうしたさまざまな非行少年、犯罪者の臨床実践を通して痛感していることは、現代の家庭、学校、社会の、子どもの「悪」に対する包容力の欠如です。

子どもたちは、強い―弱い、明るい―暗い、早い―遅いという、多様な軸を豊かに生きることによって、「総体としての生身の人間」として成長していきます。そのどの軸が分断され、排除されても、子どもたちはバランスを失ってしまいます。

それでも近年、不登校については、登校できない子も登校できる子も同じクラスメートとして支援しなければならないという姿勢と体制を、ようやく学校と社会は獲得しました。学校にスクールカウンセラー等を配置して、学校臨床に本格的に取り組み始めたことがその表れです。もちろん障害のある子どもにはそれぞれの障害に応じた援助がなされています。そのようにして私たちは、子どもたちのさまざまな軸を連続線として認め、受け止めようとしています。

それにもかかわらず、全く受け止めることができないのが、子どもたちの「善い―悪い」の軸です。むしろ現代社会においては、「善」と「悪」を峻別し、「悪」を排除するだけの姿勢を強めているように思われます。

たしかに、非行・犯罪は人と人との関係を破壊し、私たちが安心して暮らせる社会を危うくする「悪い行為」ですから、法によって人の行為に規範（ルール）が示されています。しかし、法の理念としてよく言われる「罪を憎んで人を憎まず」の通り、法が制限しているのはあくまでも「行為」に対するものであり、人の内にある「悪」を制限してはいません。悪いことをしなければ、いくら悪いことを考えていても構いません。

しかし、今の社会の非行少年に対する対応を見ると、「非行を憎んで、非行少年を排除しろ」と声を上げているかのようです。それに対して、現代の非行少年が凶悪重大事件をたびたび起こしているのは、人の内にある「悪」が力で抑え込まれて排除されていることの反動のようにも見えます。「悪」を圧《お》し潰された少年たちがさまざまな非行・犯罪を起こして、欠如した「悪」の部分を取り戻そうと試みているようにも思われるのです。

非行少年の更生、非行臨床の実践のポイントは、「悪」を排除するのではなく、総体としての生身の少年に「悪」を正しく位置付けることなのです。そうした関わりによって、彼らは「悪」の意味を知り、「悪い行為」を自らコントロールしながら更生していきます。

次に紹介する事例は、非行少年の更生のポイントが「善悪をひっくるめた、総体としての生身の少年」を受け止めることであることをよく示しています。大人が子どもの「悪」にどのように向き合えばよいかも、お分かり頂けるかと思います（なお、本書で紹介する事例は、関係者に配慮して、さまざまな事例の特性、特徴を一つひとつ抽出して再構成したものです）。

【事例】A男（16歳）傷害事件

傷害事件で少年鑑別所に収容されたA男は、幼少期から家庭で虐待を受けていたことが非行の原因になっているということで、審判で補導委託による試験観察に決定されました。

補導委託による試験観察

試験観察とは少年法25条によるもので、少年の処分の決定を保留して、少年と家族に援助を実施して、その結果をもとにして最終処分を決定する中間的な処分です。

試験観察の方法には、少年を自宅に戻して家族や学校、職場と協力しながら、家裁調査官によるカウンセリングやソーシャルワーク的関与を実施する方法（在宅試験観察）と、民間の個人や団体に少年の補導を委託する方法（補導委託による試験観察）があります。補導委託の場合、少年を受託者の家庭や職場などに住み込ませて受託者に指導してもらうことが一般的で、家庭裁判所が認定した補導委託先は各都道府県に数ヵ所あります。

非行少年が地域の不良グループや暴走族との付き合いを続けている場合や、少年による親への暴力、逆に親による虐待など、すぐに家庭に戻すことが困難な場合などに、補導委託による試験観察を実施することが多くあります。

家裁調査官はA男の補導委託先を他県の山奥にある茶畑農家にしました。補導委託先は4世代家族で、曾祖母、祖父母、父母、子ども（小学生）3人の、8人と犬1匹、猫2匹、という大家族です。山奥の委託先を選んだのは、A男と地域の不良グループとの付き合いを解消させる狙いもありましたが、それ以上に、きれいな水、おいしい空気、豊かな自然の中で大家族と生活をしてもらうためです。幼少期から虐待され続け、家庭内での安定した関係を結ぶことのできなかったA男に、本当の家族関係を体験してもらう意図もありました。

その委託先は、祖父母の代から非行少年たちを何人も受け入れて更生させた実績があります。その家族は皆、少年たちが何の事件を起こしたのか、どのような非行があるのかという、少年たちの過去と「悪」の面を一切問いません。少年を「にいちゃん」と呼ぶだけで、分け隔てなく家族の一員として接しています。

少年の居室は4畳半の一間ですが、少年鑑別所や少年院のように鍵がかかるわけでもありません。逃げようと思えばいつでも逃げられます。そのベテランの受託者は少年に厳しい規則を決めるわけでもなく、きちんとあいさつをすることと、時間を守ることだけを教え、それ以外はすべて少年の自主性に任せています。

A男は、毎日泥まみれになって茶畑を耕し、折々の野菜を大切に収穫しました。仕事を失敗しても叱られることはなく、丁寧に教えてもらいましたが、失敗を隠したりごまかしたりするときつく注意されました。休日には、家族の子どもたちと一緒に野山を駆け巡り、虫や魚を獲ったりして遊びました。A男は、どんなテレビゲームよりそれが一番面白かったと振り返りました。

A男は、今の自分をありのままに受け容れてくれる受託者と家族に心を開き、家族の一員として溶け込んでいきました。すねたり甘えたりするという、今までのA男がみせたことのない態度も家族に示すようになりました。

補導委託から1ヵ月後に家裁調査官が委託先を訪問したときには、A男は、真っ黒に日焼けし、ふっくらとして穏やかな表情になっていました。受託者がマムシを一升瓶に入れてマムシ酒にしたことなど、1ヵ月間の生活の出来事について目を輝かせながら語るA男は、まるで小学生のように無邪気で生き生きとしていました。今までA男が生きることができなかった、「家族」と「里山」という大切な空間と時間の中で、A男は確実に癒されていたのです。

非行少年たちの「居場所」

矯正教育の場である少年院は、逃走防止のための有刺鉄線を張り巡らせた塀や壁で囲まれ、鉄格子の窓と鍵がかかる収容施設です。少年たちには、朝から夜まで細かな規則に基づいて、集団生活を教官の指示に従って励行することが定められています。

それに対して補導委託先は、農家だけでなく工場や商店などさまざまですが、いずれも普通の民家や住み込み先と同じです。もちろん少年たちには酒やたばこは禁止で、門限はありますが、細かな規則が定められているわけではありません。少年たちは逃げようと思えばいつでも逃げることもできます。

少年院は、収容教育することが必要であると判断された非行少年に対する保護処分の場であり、補導委託による試験観察は、そうした保護処分の必要があるかどうかを見極めるための中間的処分という違いはあります。家裁は、受託者の家族やその地域に危害を加えたりするおそれのある少年を、補導委託にすることはありません。

そうしたことを前提にしても、今後、補導委託のような処遇が最終処分になることが望まれます。非行少年たちの援助にとって必要なのは、A男の委託先のように、少年の過去と「悪」を問わず、彼らを信じ、今ある少年をそのまま〝素〟の状態で丸ごと抱えることなのです。それだけに、非行少年たちに関わる大人には、包容力が試されることになります。

A男のように、非行少年にはありのままの自分を他者との関係の中で素直に表現しながら、子どもとしての時間と空間を豊かに生きることが必要なのです。細かな禁止事項で少年たちを縛りつけるのではなく、大枠を設定して、できる限り少年たちの主体性を尊重し行動の選択肢を広げてやることが、非行少年に対する援助の秘訣だと言えるでしょう。

A男の補導委託はその後も順調に経過しました。4ヵ月目に家裁調査官が委託先を訪問したときは、A男の体格はひと回り大きくなっていました。わずか4ヵ月間の生活で2、3年の成長をしたように見えました。タオルを頭にまいて長靴姿のA男は農作業もすっかり板についていました。

試験観察決定から半年後に補導委託を終えるとき、A男はこのまま受託者の家族のもとで働きたいと言い張りました。受託者の家族と別れるときは、大泣きをしたといいます。

A男の最終審判には、受託者が立ち会ってくれました。A男は受託者から贈られたスーツと曲がったネクタイ姿で審判に臨みました。裁判官から補導委託中のがんばりを褒められて、照れ笑いをしていたA男の目からぽろぽろと涙がこぼれ落ちました。

A男の最終処分は社会内処遇としての保護観察に決定されましたが、A男は自宅に戻らず、受託者から紹介された他県の牧場で働くことになったということです。

本書の構成と読み方

本書は、Ⅰ部「悪理学」とⅡ部「非行を治す」の2部で構成しています。

Ⅰ-1「『悪』の原理」は、私の犯罪・非行臨床の原点になっている「悪理学」を簡潔に記述しました。また、「非行少年」という用語をここで読者と共有します。

Ⅰ-2「攻撃性と依存性」は、虐待を受けた被害者としての子どもが加害者としての非行少年になるプロセスを示しつつ、「攻撃性と依存性」が裏表の関係にあることを説明しました。また、子どもの攻撃性への対応を、発達段階ごとに整理しました。

Ｉ－３「『悪』と攻撃性の歴史的変遷」では、少年非行の歴史的変遷に沿いながら「悪」と攻撃性の変質を概観しました。少年の攻撃性の大きな転換点は、１９８３年と２０００年です。

Ｉ－４「犯罪・非行の４類型」は、犯罪・非行を法の軸と臨床の軸で４類型にして、それぞれの特徴をまとめました。

Ⅱ－１「家族で治す――家族療法」は家族による非行の解決の仕方です。家族は子どもが非行の予兆を示したときに、相談先があまりないのでどのように対応したらよいのか困っています。この段階での家族の対応が非行化、非行の深化を防ぐためにとても重要になります。家族でできる解決方法を、家族の機能、構造、発達の側面から具体的に説明しました。

Ⅱ－２「家と間取りで治す――間取図アプローチ」は、Ⅱ－１の家族の構造の続編です。家と間取りに注目したユニークなアプローチです。時代と共に変化する家族関係と家、間取りと犯罪事件との関係などを考察しています。

Ⅱ‐3「法と臨床で治す――司法臨床」は非行に関与する援助者向けの内容です。非行・犯罪の解決のためには、法だけでも臨床だけでもだめで、法と臨床の協働＝司法臨床が不可欠だということを説明しました。

Ⅱ‐4「学校と家庭裁判所で治す――関係機関のアプローチ」は、中学生が非行を起こしたときに、教師やスクールカウンセラーがどのように対処すればよいかをシミュレートしました。家庭裁判所の少年事件の手続きはほとんど知られていないので、一般の方々にも知っていただきたいと思います。

Ⅱ‐5「権威と権力で治す――アンコモン・アプローチ」は、司法関係機関で非行少年や犯罪者に関わっている臨床心理士や公認心理師の対処法を記しました。法の権威・権力に伴う、苦、刑罰、禁止、強制、威嚇など臨床的アプローチではあまり用いられない機能を、どのようにして非行少年や犯罪者の更生に展開できるかを説明しています。

本書は、読者のニーズに応じて関心のある項目から読んでいただけるように書いてあります。司法関係機関の専門家にはⅠ部からⅡ部へ読み下していただきたいですが、たとえば小中学生の保護者ならⅡ‐1、2を先に読んでからⅠ部へ、中学校の教師やスクールカウンセラーならⅡ－４を読んでからⅠ部に読み進んだ方が、理解が深まるかも知れません。

悪さをしない子は悪人になります――目次

I 悪理学

Ⅰ−1　「悪」の原理

「はじめに」で紹介したA男は、かつては目を吊り上げ青白い顔をしてコンビニでたむろしている少年でした。そのA男は、里山で大家族と暮らし始めた途端にふっくらとして穏やかな表情になり、わずか数ヵ月で落ち着いてしまいました。

私たちは、当たり前のように、「非行少年は悪い」「問題＝少年」と見ています。そのため、ひとたび非行少年が大きな事件を起こすと非難が殺到し、「厳罰を下せ！」との世論が高まります。それは無理からぬところもあります。そもそもこうした捉え方をしないと裁判や審判で非行少年や犯罪者の刑事責任を追及して、法律にしたがって処分を下すことはできません（図1）。

一方、A男の事例を見ると、里山と家族がA男を癒したことが分かります。逆に言えば、A男が非行に走っていたのは、A男を取り巻く家族や社会の歪みの表れだと理解することができます。したがって、「少年の問題＝関係の歪み」となります（図2）。

図１　問題＝非行少年

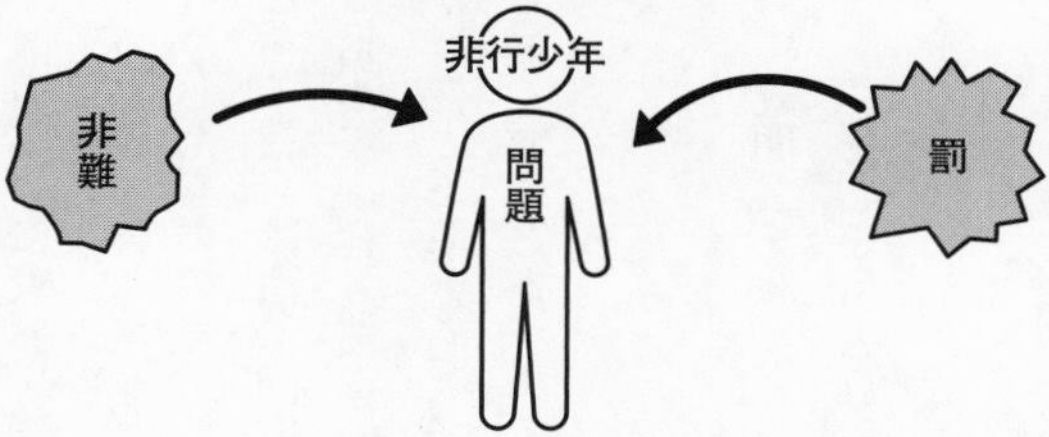

図２　少年の問題＝関係の歪みの表れ

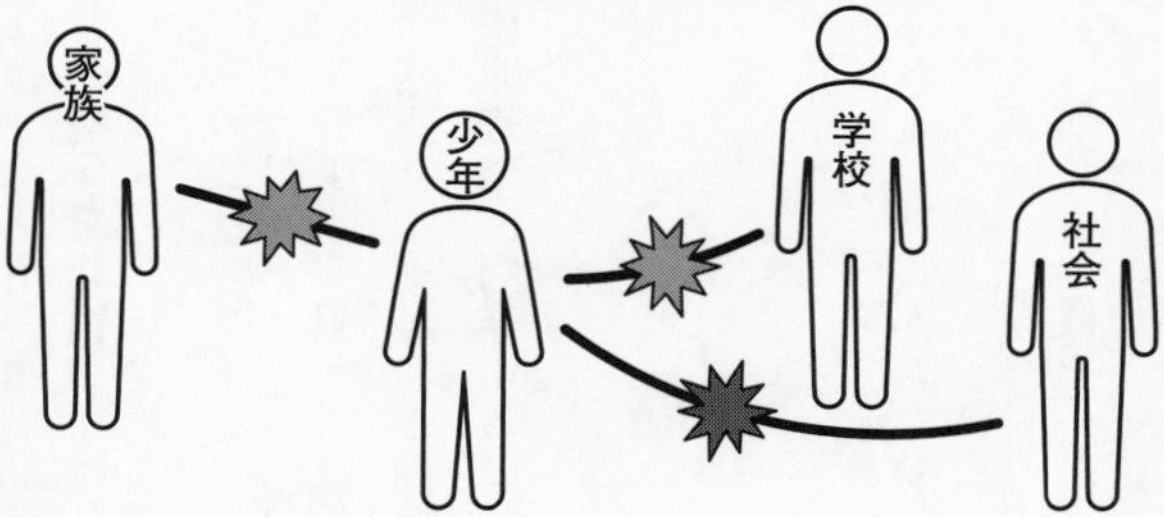

そうなると、少年が悪いのだから責任を負わせて刑罰を受けさせろという非難から、少年の問題解決のために家族・学校・社会との関係を修復しなければならない、という援助のためのアプローチに転換するのです。

ただし、こうしたものの見方だけで非行・犯罪に対処すればよいということではありません。私たちの社会は法治国家ですから、非行少年・犯罪者は裁判所で裁きを受けます。裁判官は犯罪被害者の被害の程度、処罰感情をしっかりと視野に入れています。そうした司法が歴然とあるからこそ、非行・犯罪臨床に関与する者は非行少年、犯罪者の更生に全力を尽くすことができるのです。

悪理学

「悪」について説明します。

動物行動学、生態学をもとにしながらさまざまな観点から「善」と「悪」について考察したL・ワトソン（Watson, L. 1995／『ダーク・ネイチャー――悪の博物誌』旦敬介訳、筑摩書房2000）は、善良なものが腐敗して邪悪なものに転じる契機を「悪理学の三原理」として次のように提示しています。

第1原理：よいものは、場所を移されたり、周囲の文脈からはずされたり、本来の生息環境からどけられたりすると悪いものになりやすい。

どのようなことであれ、もっともよく生きられる場所から移動させられたり切り離されたり遠ざけられたりすると、よいものの安定性が乱され悪くなりやすいのです。そして、元の場所にも移された場所にも問題が生じてきます。ものにはそれぞれに応じた「居場所」があり、それを喪うと悪いものになるということです。

第2原理：よいものは、それが少なすぎたり多すぎたりすると非常に悪いものになる。

何にせよ、多すぎたり少なすぎたりすると悪くなります。第1原理が質的な問題なのに対して、この第2原理は量的な問題です。生態系ではどのような種、集団も決められた限界を超えると悪くなるという自然のバランスがあります。

第3原理：よいものは、お互いに適切な関係をもてなかったり、つきあいのレベルが貧困化したりすると、きわめて悪質なものになる。

いろいろなものとのつながり、関係がなくなるとよい状態が乱されるだけでなく、そのもの全体が完全に悪くなります。多様なつながりが減ると生命力は減退します。したがって、多様な共生的つながりが大切になります。悪理学の三原理のうち、もっとも重要なものがこの第3原理だとワトソンは言っています。

ワトソンによれば、こうした「悪」の捉え方はアリストテレスの倫理学に通じるものだと言います。アリストテレスの倫理学は「黄金の中庸」という「ちょうどよい分量」をよしとします。中庸の範囲内に収まっているかぎりにおいて、よいものになるということです。何事も「ほどほど」がいいのです。そして、「よい在りよう」とは、よい者のみが生き残れるということではなく、悪い者も含めてさまざまな者が生きられる環境だと言います（アリストテレス『ニコマコス倫理学』（上）高田三郎訳、岩波文庫 1971）。

したがって、「善」と「悪」は相対的なものであり、「善」は「悪」の反対物ではなく、両方ともが存在するフィールドの一部分なのです。「善」が質的、量的、関係的にシステムとしてのバランスを崩したときに「悪」に転じるわけです。この考え方によれば、人間の場合は「人」及び「人と人の関係」における「善」と「悪」を包括して捉えなければならない、ということになります。悪理学からすれば、「悪」を排除して「善」だけを求めようとしたら、より〝邪悪な悪〟を生み出すことにしかなりません。

「非行少年」と「犯罪少年」

「非行少年」と「犯罪少年」の違いをご存じでしょうか。メディアでは毎日のように少年非行が取り上げられていますが、私たちは非行少年が何者なのかよく分からないまま、非行少年について論じているように思います。

学生に問うと、「非行少年は犯罪少年ほど悪くはないけど、タバコを吸ったり酒を飲んだりケンカをしたりする、社会のルールを守らないヤンキー」というような意見になります。

少年法では非行少年を次の3者と定めています。①犯罪少年、②触法少年、③虞《ぐ》犯《はん》少年。つまり、非行少年と犯罪少年は並列ではなく、犯罪少年は非行少年に含まれます。

① 犯罪少年とは、14歳以上、20歳未満で犯罪行為をした少年

② 触法少年とは、14歳未満で刑罰法令に触れる行為をした少年

③　虞犯少年とは、20歳未満で将来、罪を犯し、または刑罰法令に触れる行為をする虞《おそれ》がある少年

14歳未満の少年を「触法少年」と呼ぶのは、14歳未満の少年は刑事責任能力がないため、「刑罰法令に触れる行為」をしても「犯罪」とはならないからです。たとえば2004年に起きた小学校6年同級生刺殺事件の11歳加害女児に殺人罪は適用できません。その加害女児は殺人という刑罰法令に触れる行為をした触法少年として、児童福祉施設である児童自立支援施設に送致されました。

なぜ14歳なのかについては諸説がありますが、発達心理学では人格が統合される年齢を14歳以上だとしています。人格が統合された一人の人間の行為には責任が生じます。

虞犯少年とは、犯罪や触法行為を未だしていないけれども、将来、その虞がある少年を指します。家出を繰り返して、暴力団員など犯罪性のある人と交際している少年や風俗で働いている女子少年を保護するために、このカテゴリーを適用することがあります。

犯罪少年は凶悪な少年ではない

図３　刑法犯少年の罪種別の構成比

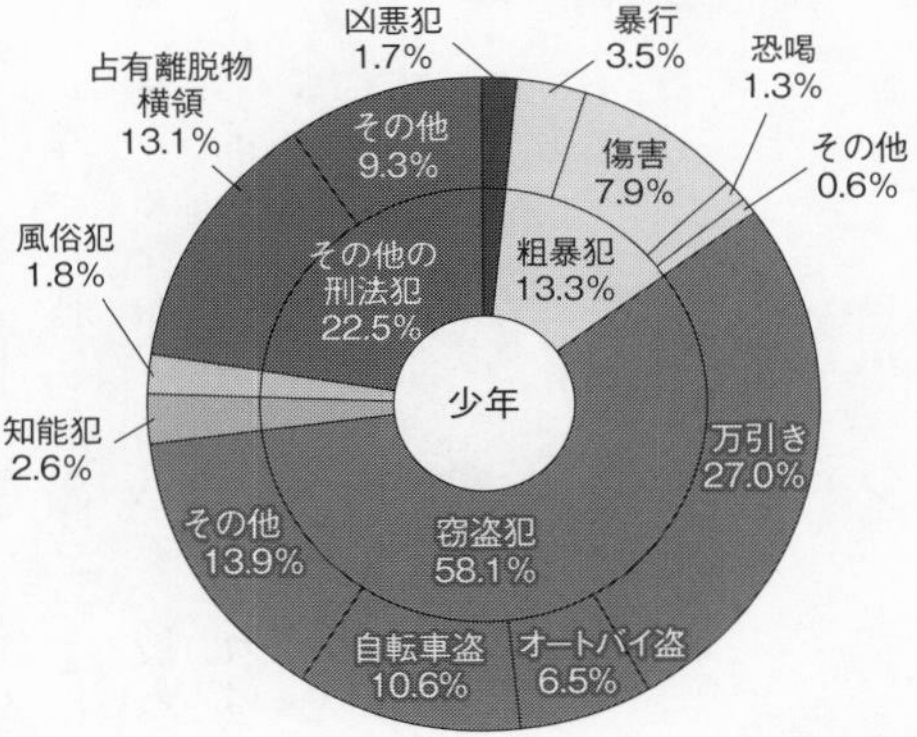

出所：警察庁、2016年

刑法犯で家庭裁判所に送致される犯罪少年のうち、殺人や強盗などの凶悪事件の割合は過去40年間1～2％前後で推移しています。それに対して、万引きなどの窃盗事件や放置自転車などの占有離脱物横領事件といった比較的軽微な事件が全体の70％を占めています（図３）。

したがって、犯罪少年とはけっして凶悪な少年ではありません。また、不良少年については、何をもって不良とするのかは各自の価値観によります。深夜コンビニや駅前でたむろしている少年たちを「不良少年」と呼べるかどうかは分かりませんが、彼らは「非行少年」でも「犯罪少年」でもありません。

こうしたことを強調するのは、単に法律用

語の説明をするためではなく、ここ数年多発している特異な少年犯罪を過度に一般化せず、そのような事件に潜む「普通の子どもたちの日常性」を捉えるためなのです。

私たちは、凶悪重大事件を起こした非行少年やその家族をみると、「うちの子はそんな悪い子じゃない」と言って、彼らと一線を画してしまいます。数千人の非行少年とその家族と向き合った経験からすれば、凶悪重大事件を起こした少年や家族が示す大きな歪みは、芥子粒ほどかもしれませんが、「普通の」と言われる子どもや家族にもすでに生じているのです。

Ⅰ－2　攻撃性と依存性

非行臨床の経験からすると、二十数年前であれば、強盗などの凶悪事件を起こす非行少年の多くは、軽微な初発非行から始まり、傷害事件などに徐々にエスカレートしていき、結果的に凶悪事件に及んでいくという大まかなプロセスがありました。ところが、平成7、8年ごろから、補導歴や非行歴がなく、むしろ親や教師に従順な「素直なお利口さん」として小中学生時代を過ごしていた少年たちによる凶悪な犯行が多くなったように思います。「よい子の非行」が目立つようになったのです。

「よい子の非行」と「児童虐待」

「よい子の非行」と「児童虐待」が比例するように増えて、現代の社会問題となっているのは偶然ではないと思います。加害児としての非行少年と児童虐待の被虐待児は、加害と被害という相反する立場に置かれますが、両者には密接な関係があります。虐待された子どもたちは、成長に伴ってさまざまな症状や課題を示すことがありますが、非行もその一つです。虐待による愛着障害が、思春期以降の問題行動として発現することがあるのです。

愛着障害は乳幼児期の長期にわたる虐待等で、親との愛着が形成されなかったことを一つの原因として起きる障害です。これによって衝動的、反抗的、破壊的な問題行動が見られるようになり、非行につながることがあります。また、情愛や自尊心の欠如ゆえに他者とうまく関わることができず、特定の人との親密な関係が結べなくなることもあります。

非行傾向のある児童が入所することが多い児童自立支援施設の児童の約6割（58・5％）が被虐待児で、情緒障害児施設（現・児童心理治療施設）では被虐待児は約7割（71・2％）にのぼります（厚労省平成27年「児童養護施設入所児童等調査結果」）。

「しつけ」と虐待

虐待の理由はさまざまですが、実質的な虐待を「よい子に育てるためのしつけだ」という親がいます。「しつけのためだから虐待ではない」「子どもをどうしつけるかは親の自由だ」と弁解します。しつけのための体罰を肯定する親の意見で多いのが「悪さをしたときに体罰を下す」「愛があれば体罰は許される」などです（２０１０年10月５日「朝日新聞」）。

虐待の親子関係、家族関係で育つ子どもは、虐待から自分の身を守るために、親や年長者の気持ちや期待を敏感に察知して、幼児期や児童期を「よい子」として過剰に演じる傾向があります。そのため、子どもの健全な発達に欠かすことができない、幼児期（第一反抗期）における親に対する反発や、ギャングエイジと呼ばれる児童期のいたずら、ワンパクやヤンチャが封じ込められることがあります。いずれにしても、発達に応じた生き生きとした子ども時代を過ごすことができなくなります。

災害や事故などの衝撃が心の傷となると、その後にさまざまな症状をもたらしますが、虐待も同様で、虐待された子どもたちは心に深い傷を負うことになります。虐待による心の傷は、日常生活の親子関係などで繰り返し生じるため、その症状はより重くなります。そして非行として発現した場合、その対応は困難を極めます。

２０１４年に北海道南幌町で17歳の少女が母親と祖母を刺殺した事件では、札幌家庭裁判所は祖母や母親の虐待が事件に影響しているとして、少女を医療少年院に送致しました。

少女が2歳ごろから祖母による虐待が始まり、6歳ごろには祖母に足をかけられて何度も転倒し、脳内出血の重傷を負いました。それでも少女は家事の日課である、庭の草むしり、早朝の雪かき、ごはん作りをすべてこなしながら、学校の成績も優秀でした。少しでも家事を怠ると、冬に庭で立たされてホースで水をかけられ、小麦粉に青汁の粉を混ぜて焼いただけの食事が与えられることもあったのです（2015年1月22日「朝日新聞」）。

次の事例は、虐待された被害児としての子どもが加害児としての非行少年になった典型的なケースです。この事例をもとにしながら、「悪」と攻撃性、攻撃性（反抗）と依存性（甘え）について説明します。

【事例】B男（16歳）恐喝、強盗

素直なお利口さん

家裁調査官が少年鑑別所でB男の調査面接を行なうたびに、B男は家裁調査官に深々とお辞儀をしながら、「調査官のセンセ、ボクのためにわざわざ家庭裁判所からお越しいただき本当にありがとうございます！」と労をねぎらうのでした。

少年鑑別所に入れられた非行少年たちは処分を気にして、その場だけ言葉遣いや姿勢などを取り繕うことが多いのですが、B男の態度にはそうした不自然な感じがまったくありません。幼少時から身についている礼儀正しさなのです。

母親が育児ノイローゼでB男の養育を放棄したため、B男は1年間乳児院で育てられ、2歳時に自宅に戻りました。父親は女性関係をつくり離婚をして家を出てしまいました。その直後から母親によるB男の虐待が始まったのです。

母は子育てのストレスがたまると、B男の足の裏にアイロンを押しつけたり、衣服に隠れる部分にタバコの火を押しつけたりしました。B男の身体には、まるで水玉模様の服を着ているのかと見間違うような火傷跡が生々しく残っています。

B男は母の虐待について、少年鑑別所の日記にたどたどしい言葉で次のように記しています。「ボクがちいさい時の母はものすごくこわかったです。ボクが何か悪さをすると、母は棒でたたいたり、アイロンを足のうらに押しつけたり、体中にタバコを押しつけてボクはやけどをしました。こういうしつけをされてボクは小学校6年生まで育ちました」。

B男は、母の顔色をいつも窺い、できるだけ母の機嫌を損ねないようによい子でいました。実際、母はそのようなB男について、「小学生までは手がかからない素直なよい子でした」と振り返っています。小学校照会にも「B男君は何でも言うことをよくきく素直なお利口さん」という回答が記載されていました。

よい子のB男に変調が生じたのは、中学入学直後からの不登校です。登校をしぶるB男に対して、母に加えて姉も激しい折檻を繰り返すようになりました。母は罰と称してB男に夕食を与えず、学用品を買う金も与えませんでした。中学入学以降、B男の夕食はカップラーメンになり、深夜母が寝てから冷や飯をあさるような毎日が続きました。

「悪」と攻撃性

子どもの「悪」は、やんちゃ、いたずら、わるさ、反発、反抗などの攻撃性として表れます。ここで、「悪」と攻撃性について説明します。

「攻撃」は意図的になされる危害行為で観察可能であり、「攻撃性」はその行動が生じる心理的な過程であると説明されることがあります。このように定義する限り、攻撃性は「悪い行為を生じさせる心的過程または心的エネルギー」となります。

確かに、凶悪事件、粗暴事件などの反社会的非行は他者に危害を及ぼす攻撃行動であり、自傷、薬物乱用、援助交際などの非社会的非行は自分を傷つける攻撃行動です。非行、犯罪やいじめなどの問題行動のほとんどは、攻撃性の歪んだ発動によるものです。そして、それぞれの犯罪・非行には、加害者の敵意、怒り、被害者の悲しみ、加害者に対する憎しみ、といった陰性の感情が付随するため、攻撃的な人格や行動傾向は否定的に評価され、抑制されるべきものであるとみなされてしまいます。

ところが、ここで注意しなければならないことは、子どもの攻撃性は、親や教師など子どもにとって大切な人との適切な関わりによって、主体性、積極性、自主性といった〝生きる力〟を獲得するための肯定的行動にもつながるものだということです。攻撃性は、成長に伴い自分の意志、要求を通すための自己主張や、困難に立ち向かう勇気、主体的な行動力を促進していくのです。

すなわち、攻撃性とは、自分を守り外界に対する適応、活動性や主体性を導く心的エネルギーだということです。攻撃性（aggression）の原義に、「攻撃的」と「積極的」の意味がある通りです。

したがって、子どもが成長に伴って各発達段階で示す、さまざまな反抗や反発を単に力や罰で抑え込んでしまうと、子どもの攻撃性を健全な方向に伸ばすことにつながらず、歪めてしまうことにもなりかねません。思春期の少年が非行やいじめなどの問題行動を起こしたり、青年が大人になるための必要条件を獲得できずいつまでも幼稚なままでいたりする理由の一つに、こうした子どもの攻撃性に対する対処のまずさが関係しているように思います。

子どもの攻撃性を肯定的行動につなげる

それでは、子どもの攻撃性を肯定的行動につなげていくためには、親や教師の関わりとして何が求められるのでしょうか。

子どもの攻撃性の肯定的側面をもっとも強調したストー（Storr, A. 1968／『人間の攻撃心』高橋哲郎訳、晶文選書 1973）は、親は子どもが外界の危険や内部の攻撃的感情を適切に処理することができるという確信を持って養育すべしと述べています。つまり、子どもを「信じている」かどうかということです。

コフート（Kohut, H. 1977／『自己の修復』本城秀次、笠原嘉監訳、みすず書房 1995）は、子どもの攻撃性が健全に伸びるか否かは、端的に子どもに向き合う親や教師の目の輝きによる、と言っています。この表現は抽象的に聞こえるかもしれませんが、非行臨床の経験からすれば非常に納得できるものです。

親や教師から裏切られ、見限られて育ってきた非行少年たちは、大人と向き合った瞬間に、この大人は自分に希望を託しているか、ただ切り捨てようとしているかを、大人の目の輝きで見極めてしまいます。ですから、教育や臨床に携わる人は、子どもたちに対して真摯でなければなりません。

ウィニコット（Winnicott, D.W. 1958／『児童分析から精神分析へ』北山修監訳、岩崎学術出版社 1990）は、子どもが親などとの関係において、発達に応じた依存関係を確実に経ているかどうか、その段階を経ていない場合、依存関係を取り戻すための関わりを他者との関係で補っているかどうかが、攻撃性を肯定的行動に向かわせる要点である、と説明しています。

これらの学説を一言でくくれば、家裁調査官と非行少年との関わりをテーマにしたNHKドラマ『少年たち3』（2002年8月放送）で上川隆也演じる家裁調査官が語った、〝信じること、希望を持つこと、人間はつながっている〟という台詞に集約されます。

そうすると、子どもの攻撃性が健全な肯定的行動になるか、非行などの否定的行動になるかは、とりもなおさず子どもと大人の関係によるものだということができます。したがって、「非行少年は凶悪化している」と言いたければ、それは「非行少年は凶悪化させられている」と言い直したほうが適切です。

これは単なる言葉の言い換えに留まりません。「非行少年は凶悪化している」と表現した場合、少年たちが勝手に凶悪になっているのだから、事件を起こした少年を罰すればよい、ということになります。一方、「非行少年は凶悪化させられている」と表現した場合、少年たちを取り巻く大人との関係のあり方をもう一度見直さなければならなくなります。

よい子の暴力と非行化

不登校になったB男は、情緒障害児施設（現・児童心理治療施設）に通うことになりました。施設でもB男は職員の言いつけをよく守り、上級生にも従順に振る舞いました。言うことをよくきく素直なB男に目をつけた不良上級生からパシリ（使い走り）にされたり、金品をせびられたりしたことがきっかけで、B男は不良グループとつきあうようになりました。B男の非行化の始まりです。

非行化と時期を同じくして、B男は今まで虐待を続けた母と姉に対して、一転、激しい家庭内暴力をふるうようになりました。カップラーメンと残りご飯で大柄になったB男の暴行は過激で、母と姉は生傷が絶えず、深夜自宅から避難することもたびたびでした。さらに、B男は母と姉をまるで奴隷のように小間使いにしました。

B男は、母や姉に対する暴力や小間使いにしたことについて、「ボクは今まで叩かれてきたストレスが爆発したのです。ボクはキレて、母と姉をボコボコにしました」と家裁調査官に語りました。母と姉は、今まで素直なよい子だったB男が突然気が狂ってしまったと恐れました。

中学卒業直前から地域の不良グループに入り、不良仲間と単車の窃盗や恐喝を繰り返すようになったB男の非行はエスカレートするばかりで、深夜帰宅途中の中年サラリーマンを狙う「オヤジ狩り」の強盗を繰り返して、緊急逮捕されて少年鑑別所に入れられました。

冒頭の「調査官のセンセ、ボクのためにわざわざ家庭裁判所からお越しいただき本当にありがとうございます！」の面接場面のように、B男は少年鑑別所に入所してからは、家裁調査官や鑑別所職員に礼儀正しく、指示に素直に従う「模範的な非行少年」になりました。今までの生い立ちを振り返りながら自分の行いを反省する日記も書き続けました。

B男は、母親に対する暴力について、「母に復讐したのではありません。今まで母がボクに何もしてくれなかったので、母に甘えたかっただけです。だけど母にそれをどうお願いしたらよいのか分からないので、暴力や命令で伝えてしまったのです」と話しました。

幼少期から虐待された少年たちは、さまざまな症状を示したり問題行動を起こしたりすることがあります。特に、思春期以降には、攻撃性の矢を虐待した親や家族、そして社会に向けます。それが虐待された少年たちの家庭内暴力や非行なのです。

彼らは幼少期から親に愛されず、依存したことがないため、激しい愛情欲求を抱いています。家庭内暴力など親に対する激しい暴力には、強い依存欲求が表裏一体となって認められます。あたかも幼児がダダをこね、泣きながら母親を叩くような様相を、思春期の少年が示すのです。B男がいみじくも、「母に復讐したのではない。母に甘えたかっただけだ」と述べたように、母親に対する暴力や命令は、母親にかまって欲しいという〝赤ちゃん返り〟なのです。

しかし、すでに中学生になったB男の暴力を、母親や社会は〝赤ちゃん〟としては見てくれません。母親はB男が狂ってしまったと考え、社会はB男の暴力は非行であると見なします。親や社会に向けたB男の訴えは届きません。

「甘え」と攻撃性

攻撃性と依存性の関係については、日本人の心性を「甘え」の観点から解き明かした土居健郎の『甘えの構造』(弘文堂 1971)に分かりやすく説明されています。

それによれば、「甘え」とは、「乳児が自分と母親とが別の存在であることを体験したことにより、一層相手との一体感を求めようとする感情表現である」としたうえで、「甘えられない乳児の憤怒は単なる攻撃性の現れではなく、依存欲求の不満による反応行動である」としています。攻撃性と依存性は、同じ関係性の裏表であるということです。

また、犯罪心理学者の福島章(『現代人の攻撃性』太陽出版 1974)によれば、「甘え」は、他者に依存し他者が自分に与えてくれることを受動的に期待するもので、「攻撃」は、相手に自己の欲求を強く認識させるが相手との溝を深めるものである、とその類似性を指摘したうえで、いずれも他者に関係を求める未熟で過渡的な対象関係的行動であると説明しています。

攻撃性と依存性のアンビバレントな関係は、第一反抗期の幼児の母親に対する攻撃性をみれば容易に理解できます。たとえば、幼児が母親に対して、「お母ちゃんなんて嫌い」と泣き叫び怒りながら暴れて叩いたとします。これは、幼児の母親に対する反発という攻撃的な行動ですが、私たちは、この幼児の行動に攻撃性ではなく母親に対する「甘え」(依存性)を感じるでしょう。

このような、攻撃性(反抗)と依存性(甘え)の関係は、乳児や幼児に限らず児童期においてもよく表れることです。思春期においては、自立と依存という発達課題を伴って、第二反抗期に親や教師に対する激しい反抗として依存性が示されます。ところが、親や教師は思春期の子どもに対しては、反抗の背後にある依存性を感じるだけの余裕を持てなくなり、反抗を抑えるだけの関わりをしてしまいやすいのです。すると、彼らの依存性を同時に潰すことにもなりかねません。

親に依存することを許されず、虐待を受けて育った非行少年は、彼らの激しい攻撃性と依存性をあたかも黒と白が反転するように相手に向けます。これは彼らの攻撃性と依存性が極めて未熟な状態であることを示しています。

よい子に隠れた「悪」を引き出す

B男は少年鑑別所での規則もよく守りながら生活をしました。このようなB男の極端な変化は、決して望ましいものではありません。家裁調査官は、模範的過ぎたり反省の言葉ばかりを繰り返したりする非行少年の予後は悪く、特に凶悪事件を起こした少年の場合、再犯に及ぶ可能性が高いことを経験的に知っているからです。

そこで、少年鑑別所の面接でB男と向き合った家裁調査官は、B男に意図的に棘のある言葉を投げつけてみました。B男の「よい子」に隠れた「悪」を引き出してみようとしたのです。ところがいくら棘を投げつけても、暖簾《のれん》に腕押しで跳ね返ってきません。まるで投げつけた棘がB男の中に澱《おり》のように沈殿していくかのようでした。そして、B男に溜まりに溜まった棘の束がいつか一気に放たれるのかと思うと、家裁調査官は思わず身構えてしまうのでした。

非行少年の心身鑑別をするために少年鑑別所に入れることを「観護措置」といいます。

凶悪重大事件を起こした少年や非行を何度も繰り返す少年（累犯少年）などが対象になります。観護措置の期間は、実務上3週間程度になります。心身鑑別は、心理テストや個別面接によって性格や知能を診断したり、少年鑑別所内での生活を行動観察したりしながら、少年の諸特徴を明らかにしていきます。非行少年にとっては、観護措置中に少年自身と家族を振り返る貴重な期間ともなります。

少年鑑別所では、非行少年の感情や行動傾向を熟知した法務教官や精神科医が、常時少年たちの心身の状況を見守りながらケアしているので、家裁調査官がB男に試みたように、少年の怒りや恨みなどの激しい陰性感情を引き出すような調査方法をとることができます。

審判が近づくにつれて、B男はさかんに処分を気にして、「調査官のセンセ、ボクは家に帰ったらお母さんの言うことをよく聞いて一生懸命に勉強をして、町では不良仲間とは一切つきあいません、だから少年院には送らないでください」と家裁調査官に頭を下げるのでした。

2つの仮面

何度も少年院に送致された非行少年たちは、少年院内でどのように振る舞えばよい評価が得られるかを熟知しています。

ある累犯少年は、少年院に送られた場合、昼の自分と夜の自分、教官の前にいる自分と後ろにいる自分を真っ二つに分けるのだと言いました。そうすることで仮退院が早くなることを知っており、彼らは意図的にそれを行なうのです。

ところが、虐待された非行少年は、それを意図せずに自然に行なってしまいます。従順な面と反抗的な面、「よい子の仮面」と「悪い子の仮面」が、白と黒が反転するように瞬時に入れ替わってしまうのです。B男の更生にとって必要なことは、B男の「よい子」と「悪い子」に向き合いながら、「総体としての生身のB男」を蘇らせることなのです。

家裁調査官はB男の処遇に迷いました。家に帰すことは家庭内暴力の再発になりかねません。同じく攻撃性と依存性の問題が大きいため、「はじめに」のA男のような補導委託には適しません。また強盗という凶悪事件の重大性も考えなければなりません。

家裁調査官の報告を受けた裁判官は、「非行事案は強盗事件で悪質であるので少年院送致が相当であるが、少年鑑別所でのB男の態度を見れば短期少年院の処遇が適当ではないか」と述べました。

しかし、家裁調査官は、「B男を短期の少年院送致にしたなら、少年院内での成績は優秀ですぐに仮退院を果たすと思われます。それは、虐待の結果彼が身にまとわざるを得なかった、よい子の仮面によるものにすぎません。仮面に覆われたB男に対する処遇が上滑りのままで終らないようにするには、長期間の少年院での処遇が必要です」と処遇意見を述べました。

審判でB男は土下座をしました。少年に限らず成人でも、審判や裁判で土下座をして反省や謝罪の意を表現しようとする者は、真の反省や贖罪の気持ちは抱いていないのが普通で、予後は期待できません。

審判の結果、B男は短期少年院に送致されましたが、わずか3ヵ月で仮退院しました。家族がB男の引き取りを拒んだため、B男は更生保護施設で生活をしましたが、すぐに再犯を起こしたということです。

子どもの発達と攻撃性への対応

ここまで述べたことをもとにしながら、子どもの各発達段階における攻撃性の現れ方と、その肯定的意味に着目しながら、子どもの攻撃性を健全な方向に伸ばすために、家庭、学校、社会がどのように関わらなければならないかについてまとめておきます。

乳児期（0歳から2歳）——攻撃性の受容

乳児の攻撃性は、主に泣くこと、怒ることによって示されます。乳児は、その感情表現によって、空腹や身体的不快感を示します。乳児が生存のために親に訴える自己主張です。

こうした乳児が示す陰性の感情表現に対して、母親などの養育者がその感情表現の意味をくみ取り、不快感を解消させるということは、単に攻撃性を低減させるだけに留まりません。乳児の微笑みなどの陽性感情だけでなく、怒りなどの陰性感情にも母親など養育者が適切に関わるということは、乳児にとって、ネガティブな面も含めた〝自己の全存在〟が養育者との関係において受け入れられることを意味します。

それが、重要な発達課題である基本的信頼感（basic trust）の獲得につながります。したがって、養育者は早期の乳児の攻撃性を無条件に受容しなければなりません。

ただし、通常の家庭生活において、子どもの欲求に養育者が完璧に対応することは困難です。そのような養育者の状態を、ウィニコットは〝ほどほどに良い母親（good-enough-mother）〟と呼んでいます。そして、不可避的に生じる子どもの適度の欲求不満は、子どもに現実感覚をうながし、母親のイメージを自己に内在化させるとしています。だから、子どもは母親の姿が見えなくても、我慢をして待つことができるようになるのです。

児童虐待の親の中には、マニュアル通りに養育しなければならないという気持ちが強すぎて、完璧さを求めるあまり子どものネガティブな面を封じ込めようとして虐待に及んでしまう者がいます。この時期に暴力などの虐待が加えられることは、子どもの身体的発達を阻害するだけでなく、子どもが自己や他者を否定的に認識してしまうという精神面への悪影響も無視できません。また、人間関係の基本に暴力が介在するという、極めて危険な学習がなされてしまうことにもなりかねません。

幼児期（2歳から5歳）——しつけと攻撃性

幼児期の攻撃性の現れは、一般的に第一反抗期と称されています。これは、親の指図を何でも拒否するなどの反発として表現されます。幼児なりに自分の意志や要求を通すための自己主張であり、これは成長に伴い困難に立ち向かう活動性や、主体的な行動力を促進していきます。

母親や父親がそうした子どもの反抗や反発を単に抑え込んだり無視することは、子どもの自立性や自発性の芽を潰してしまうだけでなく、攻撃性そのものを大きく歪ませてしまうことにもなりかねません。

ただし、ここにおいて重要なのが、「しつけ（discipline）」との関係です。しつけとは、人と人との関係で成り立つ共同体社会の一員として生活していくために、幼児期に体得すべき社会性の基礎的訓練です。幼児の個性と社会性を統合させるプロセスでもあります。

子どもの個性と社会性は、一見相反する属性のように捉えられやすいのですが、そうではありません。個性とは、他者との関係において成り立つものですから、そこには社会性が備わっていることが前提になります。同様に、社会性とは、異なる個性を持った多様な人々と共存することですから、自己と他者の個性の表現を受容できることが必須です。両者は同時に生起するものなのです。アドラー（Adler, A.）はそうした感覚を「共同体感覚」と称しています（Dreikurs, R., *Fundamentals of Adlerian Psychology* 1953）。

幼児期の子どもの意志や要求を尊重することは重要ですが、欲求のままに行動させることは、必ずしも子どもの自立性や自発性につなげることにはなりません。仲間集団に拒否され、社会性を獲得する機会を失ったり、仲間の注目を引くために粗暴な行動に及んだりするなど、誤った攻撃性の示し方をすることにもなりかねません。

そこで、子どもの反発や反抗を受け止めて関わると同時に、子どもが共同体社会の一員としてふさわしくない行為をしたときは、なぜ許されないのかを諭しながら注意をしたり叱ったりすることによって、その攻撃性の発動の仕方を制御することも必要になります。その際に留意しなければならないことは、子どもの主張をまったく無視し、暴力などの手段によって強制的に服従させてはならないということです。

子どものやりたいままにさせておくことが、子どもを「甘やかすこと」であり、子どもの「悪」に対してきちんと関わることが、子どもの「甘えを受容すること」だとも言えるでしょう。

また、幼児の母親に対する反発や反抗は、乳児期までの密着した母子関係をほどよい距離にまで広げる作用を及ぼし、子どもの個性の発達を促します。幼児の反抗的行動は、「母―子」の二者関係から「父―母―子」の三者関係への移行期における反応でもあります。家族に父性の機能が確立されていることを示すもので、子どもが社会性を取り入れていく準備状態にあることを意味するものです。なお、母親にも父親にも父性、母性があるので、一人親家庭であってももちろん三者関係は形成されます。三者関係が形成されることは、家族の中における子どもの位置や距離を明確にし、その後の集団における対人関係の形成に大きな影響を及ぼします。

最近の非行少年たちのグループでは、お互いの位置や役割があいまいでアメーバ状になっていますが、これは父性的機能が衰退した現代の家族の状況を反映しているものとも言えます。

児童期（5歳から11歳）——攻撃性の体験的学習

乳幼児期までの攻撃性は主に親子関係で表現されるのに対して、ギャングエイジとも呼ばれる児童期の関係は仲間集団に移行していきます。この時期の子どもたちは、主に同性の異なる年齢間の仲間集団での遊びを通して、「わんぱく坊主」「やんちゃ娘」として、いたずらやけんかなどによって攻撃性を体験的に学習します。いわば「悪さ」の体験学習です。

その過程で子どもは、他者との関係においてどのような攻撃性を示すことができるのか、また、いたずらや悪さとして表現された行動がどのような失敗を招き、どのような非難を浴びるのかを体験することで、社会的に受容される攻撃性の程度を修正しながらコントロールしていきます。

児童期には、「家庭」「学校」「里山」という3つの空間が必要になります。「里山」とは、ギャングエイジの子どもたちが自然の中で自由に遊べる時間と空間を指しますが、これが今の子どもたちにはなくなっています。放課後や休日には塾や少年野球、サッカーチーム、スイミングスクールなどの同質的な集団に流れがちになっています。そのため、児童期に異なる個性の集まりであるギャンググループが形成できず、異質な相手とぶつかり合いながらつきあう体験を持つことができません。

その意味で、大人は、もう少し子どもたちを放っておいてもよいのではないかと思います。大人が企画する親子キャンプなどは盛んですが、そこには常に親の目があります。最低限の危険を回避できるようにすれば、あとは子どもたちの遊びに任せた方が、少なくとも発達の観点で言えばプラスなのです。

ただし、こうした子ども同士の関係における攻撃性の行動化は、上記の乳幼児期までの親子関係における攻撃性の適切な発達を前提とするものです。それが達成されていない場合、「いたずら」や「けんか」のはずのものが、「他者を傷つける悪行」や「いじめ」に転化されやすくなります。

その際に導入されるべき対処方法は、再度、子どもを家族関係の中に位置付けることです。たとえば家庭での具体的な生活場面における親子、兄弟などとの関わりを通して、子どもの自己主張と自己抑制のバランスを学習させるように援助することです。

こうした援助方法は、他者との協調を体得するために「生活体験療法」としてプログラムされていますが、要するにお手伝いをさせたり、一緒にご飯を食べたりするという当たり前の家庭生活をすればよいのです。

ただし、児童期に非行やいじめなどの問題行動が発現している場合、子どもの攻撃性に対する親の抑制機能が不適切であることが多いわけですから、家庭での親子関係の再学習ともいえるこの方法は、子どもだけではなく親を含めた家族に対する援助が必要になります。

前青年期（11歳から16歳）――攻撃性と罰

第二反抗期と呼ばれる思春期の攻撃性は、親、教師などに向けられる反抗として表現されることになります。攻撃性を家族から自立するためのプロセスにおいて親に向けたり、一種の世代間抗争として権威者や権力者に向けたりするものです。

このような反発や反抗を示すのは、自立と依存というアンビバレントな動きが激しく拮抗しているからです。そのため、思春期の少年たちはバランスを失いやすく、さまざまな問題行動や症状を示すことにもなります。

特に、児童期までの攻撃性と依存性の発達を適切に踏まえていない場合、思春期になって親や教師に対する過激な反抗的態度や暴言、時に非行として攻撃性が歪んだ形で表現されることになりがちです。

女児なら小学校5、6年、男児なら中学生ごろから、そのような行動が発現しやすくなります。そうした場合には、父親またはそれに代わる者の父性的関わりが重要になります。非行臨床の実践経験からすれば、父親が早めに関与すると思春期の子どもたちも比較的早く問題行動から抜け出していきますが、父親または父性による関与が遅れた場合はかなり長期化してしまうように思います。

非行に対しては、法に基づく社会のルールを明確に示すことが重要です。毅然とした態度で臨むことや、社会の規範の明確化を促すことは、思春期の少年たちの問題行動に対処するための重要な礎になります。

ただし、そうした関わりをする際に忘れてはならないのは、けっして少年たちを見限らないということです。「そのままのお前でも見捨てない」という信念をもって、少年を丸ごと抱えて叱るのです。それを抜きにして、ただ怒鳴ったり、叱ったりしても少年たちは何も変わりません。

さらに留意すべきは、親や教師または地域社会の大人たちは、身体的に成熟した彼らを単に〝悪い少年〟とみなしがちであることです。そうした否定的な認識は、権力的な威嚇や処罰、制裁などに結びつきやすくなりますが、罰をもとにした対処では、少年らとの関わりのプロセスが抜け落ちてしまいがちです。

刑罰は犯罪行為に対応するものであり、法に定められた罪刑の基準によって下されます。処罰に至る手続きには、人と人との関わりはありません。したがって、非行を罰だけで対処すると、少年の歪んだ攻撃性に潜む依存性を受け止めるだけの「人と人の関わりの構造」が成立しないのです。

彼らは、反抗や問題行動という歪んだ攻撃性の発動によって、未だに形成され得ない親との依存関係や、教師などに対する援助を求めているのです。「このままでは大人になれない」と感じている彼らの必死の訴えを見過ごしてはなりません。彼らの攻撃性の不適切な発動をきっかけとして、大人たちには再度彼らに向き合うことが要求されているのです。その関わりのプロセスを捨て去って刑罰の論議のみに終始するとしたら、それはもはや大人が「大人」に成り得ていないことを示す証左です。

Ⅰ-3　「悪」と攻撃性の歴史的変遷

「犯罪や非行は時代と社会を映し出す鏡」だと言われます。非行少年と向き合うと、子どもたちを取り巻く家族、学校、社会の実相が浮かび上がってきます。同様に、離婚、虐待、ＤＶなどの家族の問題・紛争やストーカー問題には、その時代における夫婦関係、親子関係、男女関係の歪みが鮮明に反映されます。

犯罪社会学の立場（間庭充幸『現代若者犯罪史』世界思想社 2009）からは、社会背景に即した少年犯罪の変化について、Ⅰ期（戦後民主化時代）１９４５年頃〜60年頃、Ⅱ期（高度成長時代）60年〜80年、Ⅲ期（管理社会化時代）80年〜90年、Ⅳ期（高度情報化時代）90年〜２００３年、Ⅴ期（ネット社会化時代）03年〜現在でまとめています。そのうえで、少年犯罪が変わり始めたのは１９８０年代からで、さらに１９９８（平成10）年〜２００３（平成15）年にかけて子どもたちの人間性自体が変質したと述べています。

家族社会学の立場（山田昌弘『迷走する家族』有斐閣 2005）からは、わが国の戦後家族モデルの変遷について、1945（昭和20）年～55（昭和30）年を戦後家族モデルの形成期、55年～75（昭和50）年を安定期、75年～98（平成10）年を修正期、98年～2005（平成17）年の解体期を経て、05年以降を家族の迷走期、と区分しています。そして、わが国の家族の変化は1975年頃から始まり、質的に大きく変容して問題が噴出したのは90年代後半であると指摘しています。

両者が指摘する75年から90年頃の少年犯罪と家族の変化、さらに90年代後半から2000年代前半頃の子どもと家族の質的変容。それぞれの時期に、子ども、家族、社会に何が起きているのでしょうか。

この年代に、私は家裁調査官としてさまざまな少年事件、家族事件に関わりましたが、その臨床実践をもとに少年非行であえて大きな転換点を明示するならば、第1の転換点が1983（昭和58）年、さらに家族と社会の変容を視野に入れるならば第2の転換点が2000（平成12）年です。

非行少年の2つの攻撃性の転換点を確認する前に、戦後から現在までの少年非行の歴史的変遷を、攻撃性の観点から振り返っておきます。

図4　少年非行の歴史的変遷

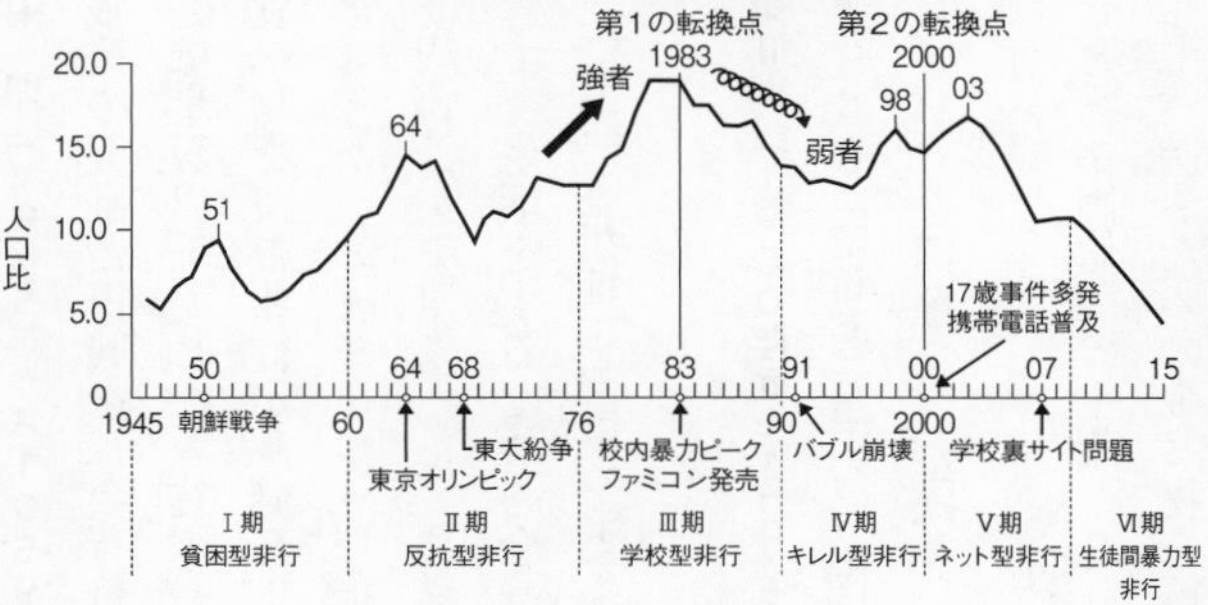

注：折れ線グラフは、10歳以上20歳未満の少年人口10万人当たりの少年刑法犯検挙人員の比率

非行の歴史的変遷

図4は、少年刑法犯の検挙人員の人口比（10歳以上の少年の刑法犯検挙人員の人口比）の推移を示したものです。

人口比の増減の波で見てとれるように、戦後の少年非行は、1951（昭和26）年、1964（昭和39）年、1983（昭和58）年、1998（平成10）年と2003（平成15）年をそれぞれのピークとする5つの波によって推移しています（1998年と2003年はその中間点の2000年をピークとする）。それぞれのピークの前後10年〜15年間を切り取ると、その時代の少年非行の特徴が浮かび上がってきます。

第Ⅰ期（１９４５年から１９５９年）：「貧困型非行」「生活型非行」

戦後の混乱と復興を社会背景として、非行少年の家庭の7割が低所得層で両親健在の家庭は半数以下でした。貧困や欠損家庭で育つ少年による、食べるため生きるために金や食べ物を盗む非行が多発しました。

きょうだいの人数が多く、年上の18、19歳の年長少年（司法統計では、18、19歳を年長少年、16、17歳を中間少年、14、15歳を年少少年という）が親代わりになって年下のきょうだいを育て、生活をするための金や食べ物を盗む非行もありました。その意味で「貧困型非行」「生活型非行」と言えます。

第Ⅱ期（１９６０年から１９７５年）：「反抗型非行」

１９６０（昭和35）年の所得倍増計画を皮切りに、64年の東海道新幹線の開業、東京オリンピック開催などが続き、「先進国への道」を標榜して高度経済成長に向かった時期です。

金と物が価値観の主流となり、第1次ベビーブーム世代の16、17歳の中間少年を中心として、遊ぶための金と物を得るための窃盗事件が多発しました。若者文化としては、既成の価値観にとらわれないみゆき族や、暴走族の前身とも言われるカミナリ族の出現がありました。また、68～69年の東大紛争に象徴されるように、大学生が権威や権力に反抗して学生運動が起きた時代でもあります。

第Ⅲ期（1976年から1989年）：「学校型非行」「遊び型非行」

石油ショックによる経済低成長とその後に生じた土地や株の投機によるバブル経済など、急激な経済的変動の中で、刹那主義的な社会風潮が呈された時代です。物質文明が飽和状態に達し、自然が破壊され、子どもたちが里山で遊べなくなった時期でもあります。また、高学歴時代の渦中で受験戦争が過熱しました。

万引きや自転車・原付車盗など、過剰にあふれた物を盗むこと自体が遊びと化した「遊び型非行」が14、15歳の年少少年を中心に多発しました。

第Ⅲ期に特筆すべきは、第Ⅱ期の大学生による大学紛争が高校生に波及し、さらに80年代前半には中学生による校内暴力（対教師暴力）が全国各地で頻発したことです。83年は戦後の少年非行の多発ピーク年です。大学紛争と中学生の校内暴力を並列することに違和感を覚えるかも知れませんが、「強者」に攻撃性のベクトルを向けている点は共通しています。

第Ⅳ期（1990年から1999年）：「よい子の非行」「キレル型非行」

バブル経済が崩壊して以来、完全失業率の増加、学生の就職難など、先が見えない不況に陥り、さらに少子高齢社会の到来など、従来の価値観の転換が迫られた時期です。

この時期の少年非行の特徴は、ごく普通の少年や過去に補導歴や非行歴がない少年が突然、殺人や強盗など凶悪事件を起こしたりしたことです。「よい子の非行」「キレル型非行」とも称されています。彼らは非行文化にも接触、感染しておらず、教師だけでなく両親に対しても従順で、問題を感じさせません。彼らの日常の行動と非行行動に大きな落差があるため、周囲の人は、「普段何も問題がなかった少年がなぜ凶悪事件を起こしたのか……」と首を傾げることになります。

学校では「弱者」に攻撃性を向けるいじめ問題が深刻化し、いじめを原因とする自殺や、いじめが過激化した事実上の殺人事件も起きています。小学校では96年ごろから学級崩壊が問題になりました。

また子どもたちが、自分とは異質な者に対して激しい苛立ちを示すようになり、「オヤジ狩り」「ホームレス狩り」など、ゲーム感覚の非行が多発しました。97年には14歳少年による神戸児童殺傷事件が発生、「学校殺死の酒鬼薔薇」が「ボクは殺しが愉快でたまらない、人の死が見たくてしょうがない」と、2000（平成12）年以降の少年犯罪を予兆するような犯行声明文を書いています。

第Ⅴ期（2000年から2008年）：「ネット型非行」

第Ⅳ期からの弱者への攻撃性を素地として、現代型非行の典型とも言える「ネット型非行」が発生しました。2000年は大学生のほとんどが携帯電話を使いだした年です。その後、さまざまなネット媒体が、高校生、中学生、小学生に普及し、ネットによるいじめなど少年非行を大きく変えました。

子どもたちは携帯やネットを見つめて、人の目を見なくなりました。その結果、子どもたちに最も必要な他者の肉声や息遣いという「体感」が失われていきました。子どもたちのそのような変容を少年犯罪によって社会に告げるかのように、西鉄高速バスジャック刺殺事件、豊川市主婦殺害事件、歌舞伎町ビデオ店爆破事件など17歳前後の少年たちによる社会を震撼させる凶悪重大事件が2000（平成12）年前後に頻発しました。

そうした事件の特徴として、「人を殺してみたかった」「人間をバラバラに壊したかった」という人のモノ化、殺害動機の無目的性、「殺す相手は誰でもよかった」という殺害対象の特定欠落などが指摘されます。また、低年齢の重大事件として、2004年には小学6年生11歳女児による小学校内での同級生刺殺事件が起きています。

第Ⅵ期（2009年から現在）：「生徒間暴力型非行」

文部科学省の2009（平成21）年度の児童生徒の問題行動調査によると、小中高生の暴力行為が6万9915件にのぼり過去最多を更新しました。内容別では、「生徒間」3万4279件、「器物損壊」1万6604件、「対教師」8304件、「対人」1728件（内訳は小学校7115件、中学校4万3715件、高校1万85件）です。

子どもの暴力は、第Ⅲ期のピークである1983（昭和58）年前後にも多発しましたが、その多くは強者に向かう対教師暴力でした。ところが第Ⅵ期の子どもの暴力の矛先はいじめなどの「生徒間暴力」で、子どもたち同士が傷つけ合っていることが特徴です。

いじめ問題の深刻化を受け、2013（平成25）年には「いじめ防止対策推進法」が制定され、子どもたちのケンカも親や教師の監視対象となりました。その結果、子どもたちは表立ってケンカをしにくくなり、その攻撃性をネットに潜在させて陰湿な非行を起こす傾向が強くなりました。

以上のように、1945（昭和20）年から現在まで70年余の少年非行の特徴を概観すると、犯罪や非行はその時代の社会状況を鋭敏に反映していることが分かります。したがって、少年非行を考えるということは、子どもを取り巻く家族、学校、社会の実相を捉えることでもあると言えるのです。

攻撃性の2つの転換点

先ほども述べたように、非行臨床の実践現場で感じた非行少年の攻撃性の大きな転換点をあえて年度で区切るとすれば、1983（昭和58）年と2000（平成12）年です。

第1の転換点――1983（昭和58）年、強者への反抗

最初の転換点である1983年は、中学生の校内暴力（対教師暴力）の全国ピークで、戦後最大の少年非行の多発年です。非行少年は親や教師にあからさまに反発や反抗をしたり、さまざまな問題を起こしたりすることで、息苦しさや生き難さを訴えるという救

助信号を発していました。

家庭裁判所に係属した非行少年にも、家裁調査官に対してストレートに反抗する少年たちが多くいました。家裁調査官はそうした少年たちとぶつかり合うことによって、非行に行動化される攻撃的なエネルギーを更生に向けるエネルギーに転化するというアプローチをとることができたのです。

非行少年たちは、軽微な事件から徐々に大きな事件へと、非行性の深化も段階的プロセスを踏んでいました。そのため少年が問題行動や非行を起こした段階に応じて、家庭、学校、児童相談所、警察、家庭裁判所などでさまざまな関わりや援助がなされ、少年の非行の悪化を未然に防止することができました。

第1の転換点以前の非行少年の臨床像を提示します。

▼少年C（15歳、中学3年生）**傷害事件**（1981年の事件）

少年Cは、ある市内の中学校区の「総番長」と称して、校内外で「ワル」を自認し市内の非行グループの中心的役割を担っていました。

服装も校則で禁じられている「ガクラン」（80年代前半の、襟や上着を非常に長くした学生服）を着用し、教師に対して反発と反抗を繰り返し、あえて「ワル」を誇示するかのように行動していました。ただし、Cは女性教師に暴力をふるわないことと弱い者いじめはしないことを自らと番長グループの約束事にしていました。

Cが在籍していた中学校では、体育祭の応援合戦を代々の番長が仕切ってきましたが、新たに赴任した屈強な生徒指導の教師が応援合戦を教師の指導下においたため、Cはその改善を教師に直訴したのです。Cは暴力をふるわないようにするため、ズボンのポケットに両手を入れて教師と口論しました。ところが、教師から「ポケットに手を入れて話すとは何事か」と怒鳴られたことに腹を立てて、教師に頭突きをくらわして気絶させてしまい、教師への傷害事件として家庭裁判所に送致されたのです。

Cは家裁調査官の調査においても大股を広げて仰《の》け反《ぞ》り、あからさまな反抗的態度で臨みました。家裁調査官が注意をすると、Cはさらににらみ返して反発しました。しかし、家裁調査官がそうしたCの反抗や反発を受け止めながら関わると、C

は徐々に教師や学校に対する不満を語り、事件に至るまでの興奮した感情や暴力に及んだ状況などを、拙い言葉ながら説明し始めました。

家裁調査官はそのようなCとの関わりによって非行動機をよく理解することができ、C自身も犯行に至るまでの感情と行動を振り返ることができました。そして、Cは家裁調査官の助言と指導に従いながら、中学校を卒業するまでにみごとに更生してくれたのです。

このように、Ⅲ期までの非行少年の多くは、非行に至るまでに親や教師に反抗したり、さまざまな問題行動を起こしたりして、自身のネガティブな感情や態度を表現していました。家庭裁判所においても少年たちは、家裁調査官に反発や反抗をする攻撃性を持ち続けていました。そのため、家裁調査官は、非行に行動化される彼らのエネルギーを更生に向けるエネルギーに転化させることができたのです。

第2の転換点——2000（平成12）年、弱者への攻撃

ところが、共同体型社会から80年代に管理型社会になり、青少年の反抗は力によって

抑え込まれました。さらに戦後家族モデルの解体に伴って、1983（昭和58）年を転換点にして非行少年に顕著な変化が起きています。学校現場では対教師暴力が減少し、それに代わっていじめが大きな問題になっていきます。

83年を転換点とするこのような少年非行の変化は、戦後からの少年非行の推移を見れば、青少年の攻撃性の質的変容によるものと理解することができます。すなわち、60年代から83年に至るまでの、大学生、高校生、中学生の反抗は、権力者や権威者という「強者」にストレートにぶつかっていく攻撃性のベクトルを持っていました。そのような青少年の攻撃性が力によって抑え込まれ管理された結果、いじめなど「弱者」に対する歪んだ攻撃性に変質したと理解することができます。

子どもと家族と社会の変容

第2の転換点としての2000年は、高度情報化時代からネット社会化時代に移行した年です。人々の社会的営みと感情の機微によって成り立っていたコミュニケーションが、無機質な記号のやり取りによるコミュニケーションにとって代わられた年です。社会は先の見えない構造的不況に陥り、失業率が急増し、98年から連続で自殺者が3万人を超えました。

家族の面でも、少子高齢化、離婚率の上昇に拍車がかかり、児童虐待が急激に増えました。戦後家族モデルは完全に解体して、機能不全に陥りました。2000年の児童虐待防止法、ストーカー規制法、2001年のDV防止法などに示されるように、親子、夫婦などの家族関係の問題、男女の人間関係の歪みが問題として認識された年です。

社会の歪みから子どもを守る緩衝地帯となるべき家族の機能が低下した結果、子どもは社会と家族の歪みをダイレクトに被ることになりました。その結果、激しい苛立ちを内に秘めた非行少年が多くなったように感じます。彼らは家裁に係属すると、家裁調査官の指示を素直に受け入れ、反発もあまりしません。家裁調査官が意図的に厳しく叱ったりしても、暖簾に腕押しです。

ところが、そうした無気力感を支えるように関わり続けると、徐々に彼らの苛立ちが見えてきます。小動物に対する虐待的行為や、インターネットを利用した陰湿な行為を繰り返したりしていることなども、明らかになってきます。

このような攻撃性の特徴をさらに際立たせ、まさに現在の青少年の攻撃性の表現を端的に浮き彫りにしているのがネット型いじめです。ネット型いじめでは、掲示板サイトに誹謗中傷などの書き込みをした者を特定し難いため、まさに「よい子」のままで他者を攻撃することが可能になります。また、ネットを利用すれば生身の相手と向かい合わなくても、相手に致命的な打撃を与えることができます。

第2の転換点以後の非行少年の臨床像を提示します。

▼少年D（16歳、高校1年生）動物愛護法違反事件（2000年の事件）

少年Dは、中学生までは成績優秀で親や教師の言うことをよくきく素直なよい子として評価されてきました。ところが、両親に強引にすすめられた私立高校に進学して以来、深夜、コンビニや公園でぶらぶらするようになり、親の期待にそむき勉強をせず、教師との約束も守らなくなりました。

次第に、親と顔を合わせることを避けるようになったDは、高1の夏休みに深夜自宅を抜け出し、猫や子犬の目をえぐり取るという動物虐待を繰り返し、動物愛護法違反で家庭裁判所に送致されました。

Dは身だしなみを整えて家庭裁判所に来て、家裁調査官の調査では姿勢を正して臨みました。事件について反省の言葉を繰り返しながらも気持ちが伴わず、抑え込んだような苛立ちを抱えているようでした。Dが嫌がるような質問を家裁調査官があえて投げかけ、彼の苛立ちの感情を引き出そうとしても、それを跳ね返そうとはせず、逆に怒りや苛立ちを澱のように深く沈殿させていくかのようでした。
その後、Dは中学生時代の同級生数名と酒を飲んで暴れ、通行人にとび蹴りをして大けがをさせ、緊急逮捕されて少年鑑別所に収容された後、少年院に送致されました。

第2の転換点以後の非行少年たちの際立った特徴は、家庭や学校では「素直なよい子」という面を示す少年が、突然のように「残虐で凶悪な非行少年」になるということです。あからさまな反発や反抗を示さず、D少年のように期待を裏切ったり、約束を守らないといった「受動的な攻撃性」を示します。あたかも、少年は犯罪を起こすことによって、親や教師に自分のネガティブな面を見せつけることができたかのような様相を示すのです。

非行集団の変質

第1の転換点以前の非行集団は、ピラミッド型のヒエラルキーとして組織化され、各メンバーにもその序列に応じた、一人ひとりの位置と役割がありました。前述の少年Cのようなリーダーのもとで、グループとして統制された非行行動に及ぶことが特徴です。そのため、リーダーの少年Cを指導してCが安定すると、それがグループ全体に波及して、他のメンバーも落ち着きを取り戻していくことができました。

それに対して、第2の転換点以降の非行集団は、アメーバのような集団になっていることが特徴です。すなわち、個々の少年の位置と役割が極めて不明確で、自他未分化のまま群れ集まった状態を呈しています。少年Dのグループのメンバーは目立たない生徒が多く、特に大きな問題行動を起こすことはありませんが、何をすることもなくいつも数名でコンビニなどで群れていました。

アメーバ内の彼らの関係は希薄で、全人格的な濃密な関わりは嫌いますが、アメーバの動きには影響され、煽られやすくなります。核となるリーダーが存在しないため、グループのどこにアプローチをしても収拾がつかず、グループの動きに抑制がきかず、結果的に再非行に結びつくこともあります。グループメンバーへの指導には非常に苦慮し

図５　暴走族構成員とグループ数の推移

(昭和53年～平成22年)

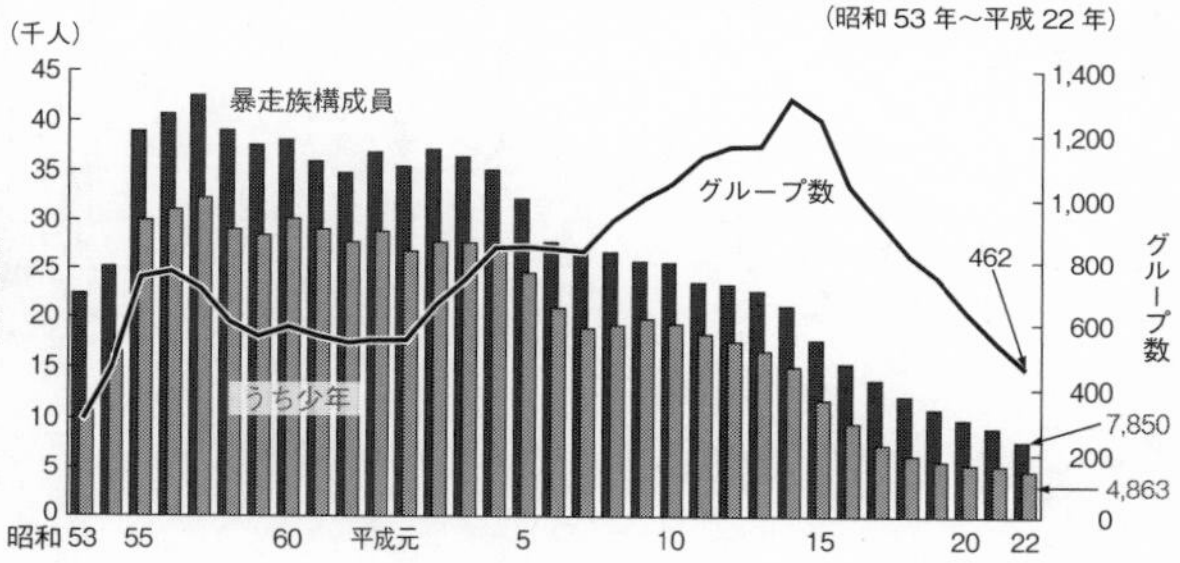

出所：法務省、2012年

ます。

非行集団のこうした変化は現在も続いています。それは暴走族と構成員の減少に顕著に示されています。暴走族構成員数は１９８２（昭和57）年をピークにして２０１０（平成22）年にかけて５分の１以下に減少しています。

グループ数は１９９６（平成８）年から２００２（平成14）年にかけて一時増加していますが、一方で構成員の減少はずっと続いているので、ひと昔前の大規模な暴走族ではなく少人数のグループが乱立している傾向があることが分かります。実際には、グループを形成するというより、ネットで暴走の参加を呼び掛けて単発的な暴走行為を繰り返すという事例が多くなっています。そうしたグループ数も２００２年以降急速に減少しています。

I-4 犯罪・非行の4類型

犯罪や非行はさまざまな形で表れます。たとえば、現代の子どもたちの問題として、非行、若年性のうつ、いじめ、があげられます。この現象は、現代の子どもたちが曝されている、社会、学校、家族によるさまざまなストレス(図6)の防衛反応だと見ることもできます。子どもによって、社会への反撃として攻撃行動を起こしたり(非行)、自分の殻に閉じこもることで防衛したり(うつ化)、お互いを傷つけ合う集団内の自傷行為を繰り返したり(いじめ)するということです(図7)。付け加えれば、親や学校に対して「よい子」を装うという防衛の仕方もあります。

犯罪・非行の4類型

犯罪・非行は、「法の軸」と「臨床の軸」によって4つに分類されます。法の軸とは、犯罪行為に対して法で定められた刑罰の大小を基準とするものです。他者に対する回復

図6　子どもを取り巻くシステム

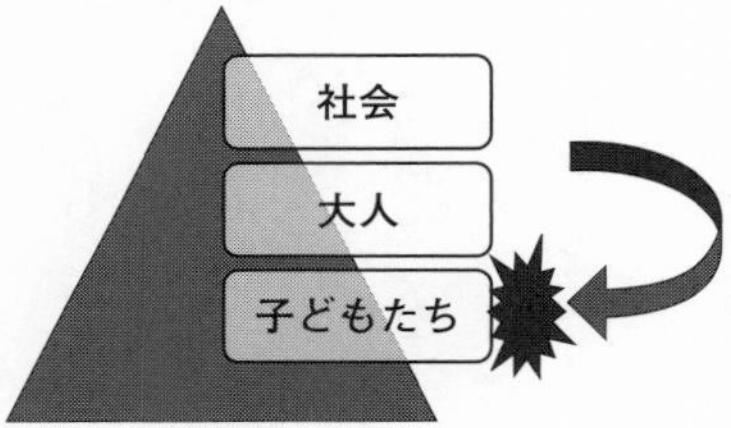

図7　問題が生まれる少年の防衛反応のかたち

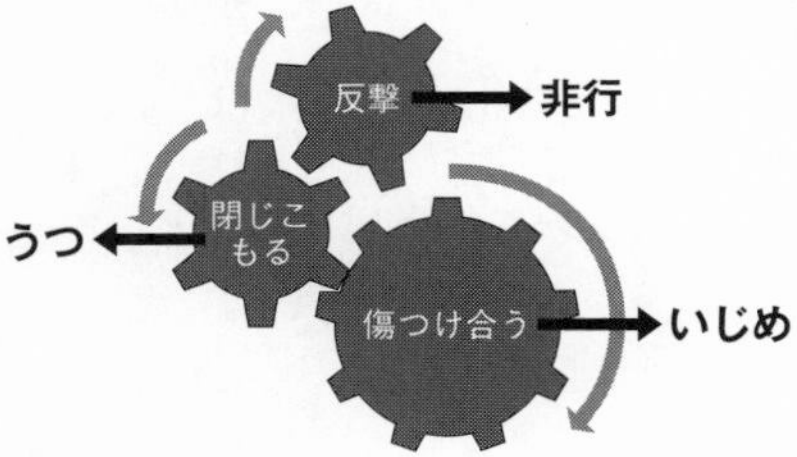

不可能な加害行為が最も重大に、自分を傷つける行為や被害弁償によって回復可能な行為は比較的軽微に、位置付けられます。それに対して、臨床の軸に一義的な基準はありません。対象の属性、加害者と被害者の関係性、問題解決の方法などによって、多義的な基準があります。

図8は、さまざまな非行や課題行為を、法の軸（罪の大小）と臨床の軸（適応の程度）によって位置付けたものです。ただし、それぞれの軸上の位置の置き方によって変動するので便宜的な

図です。

第Ⅰ類型は、殺人、強盗、暴行など、他者に危害を加える反社会的問題行動群。第Ⅱ類型は、薬物乱用、自傷、援助交際など、自分を傷つける非社会的問題行動群。第Ⅲ類型は、不登校、ひきこもり、アパシー、うつなど、学校や社会生活に影響を及ぼす行動群(非行ではない)。第Ⅳ類型は、現代型重大事件にみられるような無差別殺傷事件や、問題がみられなかったよい子が突然凶悪な事件を起こすような問題行動群になります。

この4類型を犯罪や非行につながる攻撃性に注目して図式化すると図9のようになります。以下、この4類型にしたがって、それぞれの領域における非行臨床の特徴を説明します。

第Ⅰ類型――反社会的問題行動群

反社会的問題行動群の特徴は、攻撃性が他者に向かい、明確な法の逸脱行為である、ということです。たとえば学校不適応による対教師暴力、暴走族による共同危険行為、殺人などがこれに位置付けられます。加害行為の重大性と被害者感情が重視され、法の軸が最も強調される領域です。それだけに、少年の更生のための臨床的視点をしっかり

図８　問題行動の４類型

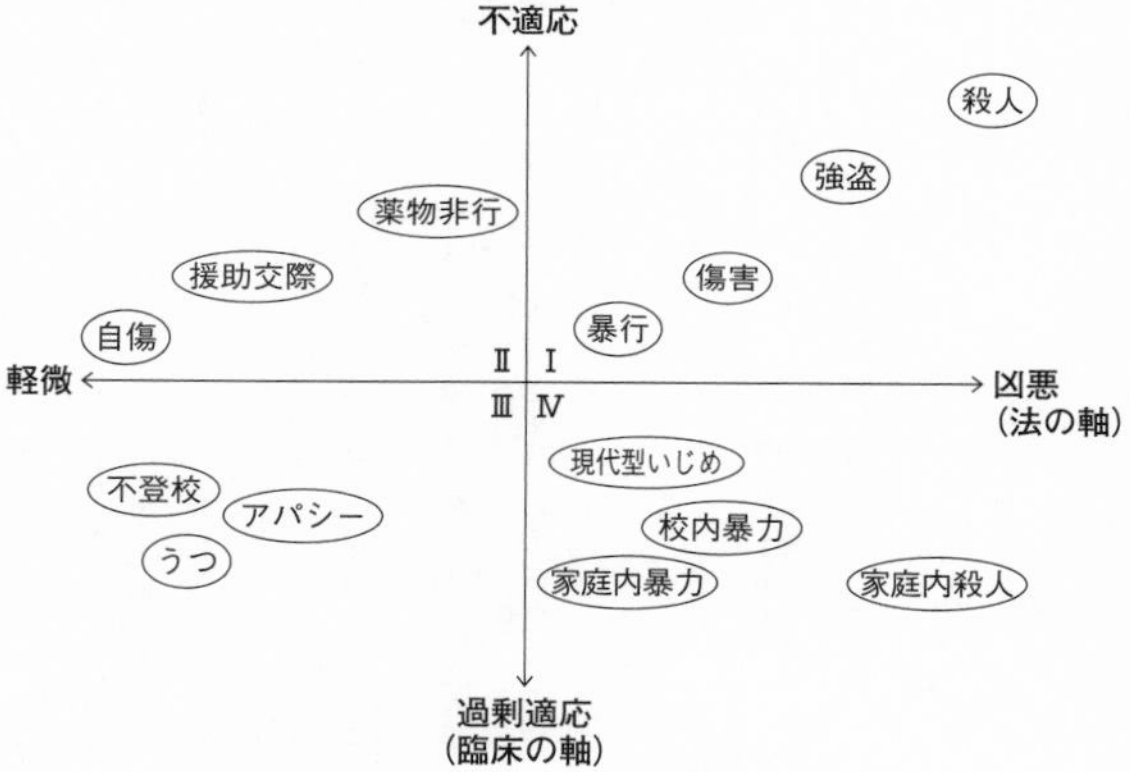

図９　攻撃性の４類型

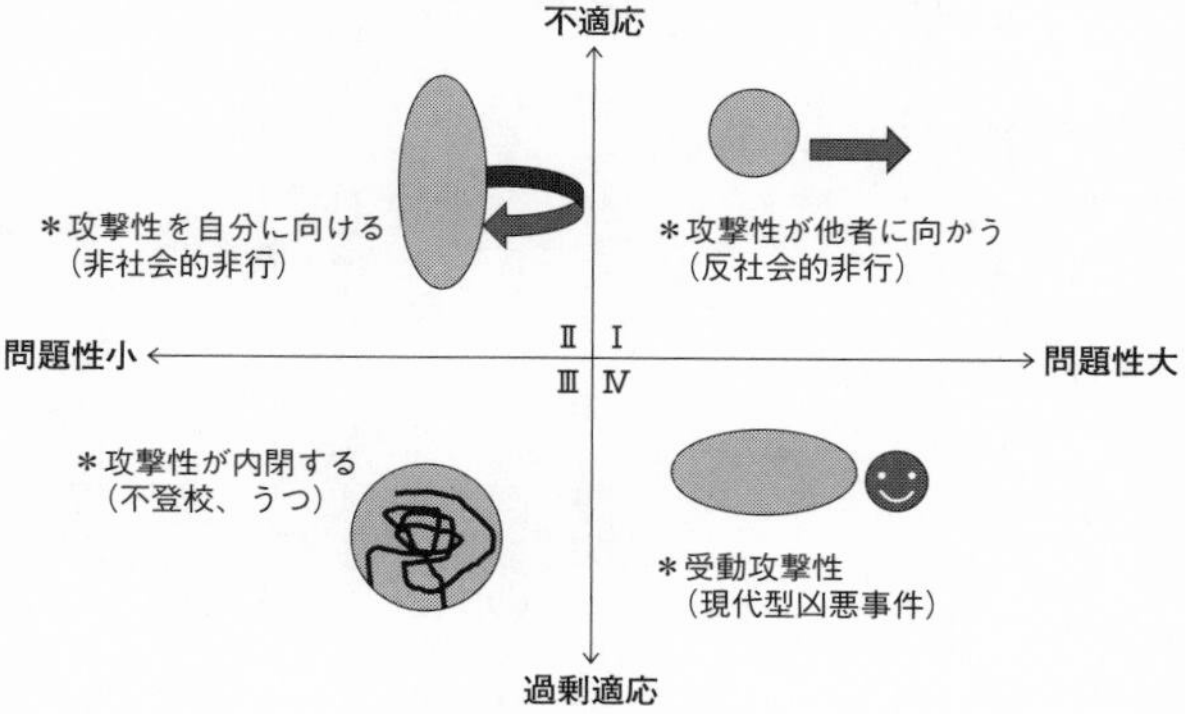

と維持しないと、応報的、懲罰的な処分ばかりに陥りかねません。

犯罪や非行が法によって生成する概念である以上、加害行為に対して法による制裁や「罰」を避けることはできません。それでも、単なる制裁目的ではなく、「罰」をどのように少年の更生につなげていくのかという、臨床的観点による検討を十分に行う必要があります。

第II類型――非社会的問題行動群

非社会的問題行動群は、攻撃性のベクトルが自分に向かい、自分自身を傷つけてしまう問題行動群です。シンナーや麻薬などによる薬物非行、援助交際などの売買春行為、リストカットなどの自傷行為がこれに該当します。

この問題行動群には生育歴に虐待を受けた女子少年たちが多いことも特徴です。少年院の男子少年の33・8％、女子少年の54・9％に被虐待経験があります（法務省、2019年）。身体的虐待を受けた男子少年が、暴行、傷害、強盗、という他者に向ける攻撃行動を示しやすいのに対して、女子非行少年の場合、薬物使用、売買春、自傷、自殺など、自己に向かう攻撃行動に陥ることが特徴的です。

女子少年が家庭裁判所に係属すると、その多くは「法」により自らが罰せられることを強く望むようになります。すると、本来は少年たちを保護し更生させるための場である少年院も、「罰を受けるための場」であると認識してしまい、自罰的傾向がさらに助長される結果にもなりかねません。虐待を受けた女子非行少年たちには、傷つけられた心を癒すことに全力を尽くす必要があります。

なお、窃盗依存症（クレプトマニア）という嗜癖行動も女性に多いのですが、彼女らは子どものころから親や教師の期待に従順に従い、よい子として生き続けてきた人たちが多いように思われます。「よい子」の部分でしか生きることができなかった人が、万引きなどの犯罪を繰り返すことによって「悪い子」としての部分を取り戻し、人格の全体的統合を図ろうとしているかのようです。

第Ⅲ類型――抑うつ傾向群

うつ（depression）と攻撃性（aggression）は密接に関連していますが、抑うつ傾向群ではその両者が絡み合って内閉した状態にあると言えます。抑うつ傾向群の者は、犯罪や非行という問題行動を起こすことは少なく、ひきこもり、不登校、スチューデント・アパシー（学生の無気力状態）など、学校や社会生活に影響を及ぼす課題を示すことが多くなります。

第Ⅳ類型——親密圏型問題行動群

親密圏型問題行動群は、家庭内暴力、家庭内殺人、校内暴力など、家族や学校のような親密圏における問題行動群です。この領域の子どもたちは「甘え」や「依存性」を、「反抗」や「攻撃性」として親や教師に向けることがあります。

この類型の攻撃性の特徴は、２０００年以降の現代型凶悪重大事件にみられるような、今まで何も問題がなく親や教師の期待に応える「よい子」が突然凶悪な事件を起こす問題行動群にもあてはまります。「素直さと攻撃性」という相反する面が共存しているのです。

このような依存性とアンビバレントな関係にある攻撃性を「受動攻撃性」（passive-aggressive）と言います。受動攻撃性は、素直・受動と反抗・攻撃が裏表のようになっている攻撃性です。

これはもともと戦時中の若年兵士のストレス反応として見いだされたものです。

ＤＳＭⅡ（1968年）（米国精神医学会による精神疾患の分類と診断の手引き書　第2版）では、受動攻撃性の行動パターンについて、「受動性と攻撃性が共存しており、攻撃性は受身な形で表現される。この行動は明確に表明されない敵意の反映であり、その個人が過度に依存している相手や機関との関係に十分な満足ができないときに起こる憤怒の表現である。この行動の背後には過度の依存性が存在している」と説明しています。

現代社会においても、幼少期から学童期にかけて「悪」や攻撃性が過剰に抑圧されると、攻撃性はそれに付随する依存性が表面化して受身的に表現され、受動攻撃的な反応を示すようになります。

たとえば、権力者など強者に対する受動攻撃性の反応としては次の点が特徴的です（加賀多一『受身―攻撃型人格とその臨床』岩崎学術出版社　1979）。①強者に向かって潜在的には攻撃的な気持ちを持ちながら受身の依存的な態度を示す、②強者に向かって自己主張すると報復を受ける恐れから抑圧してしまう、③強者に向かって怒りや攻撃的感情を直接表現できない、④強者が期待するよい子のイメージを先取りする、です。

以上のような受動攻撃的な状態は、現代の子にも顕著に認められます。普段おとなしいよい子が、いきなりキレて重大事件を起こしたりする現代型非行は、これの典型的な表れであるように思われます。

加害者と被害者の関係性

以上のように、犯罪、非行、いじめ、自傷、などの加害行為について対応するときには、法と臨床の両面による理解が大切です。

加害行為としての「暴力」というと、殴る、蹴る、傷つける、といった激しい攻撃行動を思い浮かべますが、法的には、触れる、撫でる、突っつく、というソフトな行為も「暴力」になります。法の言葉で言えば「有形力の行使」をされた側が、嫌だ、恐い、痛い、といった嫌悪感情を抱いたとき（その行為を承諾しないとき）に、その行為は「暴力」となるのです。

このように暴力を法的観点から捉えれば、暴力をふるう加害者の動機とふるわれた被害者の感情、加害者と被害者との関係、暴力が行われた背景などが重要になります。このことは臨床的観点として欠かすことのできない「人と人との関係性」や、その文脈（状況）を理解することの重要性につながります。

つまり、「暴力」を法と臨床の両面から定義するとすれば、暴力とは加害者と被害者の関係性の中で立ち上り、その文脈で意味付けられていくものだということができます。家庭や学校という親密性の強い場所での、虐待、ＤＶ、いじめなどの暴力行為についでは、特に加害者と被害者の関係性、さらにその加害者を取り巻く家族関係や社会との関係性に着目しなければなりません。

Ⅱ 非行を治す

II-1　家族で治す──家族療法

子どもの問題行動は親にとっては不安のタネですが、それでもそれらの症状に応じた相談や治療体制はわりと整備されています。

ところが、非行となるとまだ不十分です。警察や少年鑑別所では相談を受けていますが、そのような司法機関に相談に出向く気にはなれない親が大半でしょう。また、少年非行に悩む親の会などもありますが、非行の種類に応じた対応は十分とは言えません。

子どもの問題は、家族の問題とほぼ同義です。したがって、子どもの問題を解決していくには、家族を適切にケアしなければなりません。非行が初期の段階であれば、家族で「家族」を整えていくことが一つの手段です。それが子どもの非行を治すことにつながります。

本章では、子どもが非行の予兆を示したり、実際に非行を起こしたりした場合、家族としてどのように対応すればよいのか、家族療法をもとに説明します。

「家族」を捉えるコツ

「家族」というのは、一つの生き物のようなもので、家族メンバー一人ひとりを足しても全体としての「家族」にはなりません。全体としての家族を捉えるには、「家族」を「一人の人間」のように理解する必要があります。

たとえば、一人の人間をM君とします。M君には、頭蓋骨、胸骨、手、足の骨などの骨格があります。M君には、心臓、胃、腸、肝臓、腎臓などの内臓があります。胃や腸は消化器、心臓や血管、リンパ管は循環器です。そして、M君は、生まれて成長して、大人になって老化して、亡くなっていきます。このような発達過程があるわけです。

これと同じように、家族を一人の人間のように理解して対応すればよいのです。つまり、人間の骨格に相当するものが「家族の構造」、消化器系・循環器系に相当するものが「家族の機能」、そして人間の成長・老化、これが「家族の発達」ということになります。

この家族の3つの属性にアプローチしていくことが家族療法です。

非行・犯罪の認識の転換

家族療法のアプローチを説明する前に、まず、非行に対処するときの基本的な視点を理解する必要があります。そのために、「今の非行少年たちは凶悪化しているかどうか」という問いを立ててみます。「どちらとも言える」というのがスタンダードな答えですが、あえて、「凶悪化しているか、いないか」どちらかの立場に立ってみてください。

大学生100人に聞くと、7割が凶悪化している、3割が凶悪化していないという意見になります。私が大学に転じた二十数年前はちょうど逆で、3割が凶悪化している、7割が凶悪化していない、でした。年々、今の非行少年たちは凶悪化しているという意見が多くなっています。学生たちが何をもって凶悪化していると感じているかというと、質的な体感なのです。とにかく非行少年が怖いという感覚、イメージが年々強くなっているのです。

もっとも学生たちは、実際の非行少年をあまり知りません。特異な非行をメディアがあおったり強調したりすることが非行少年の凶悪化を印象付けて、学生たちの意見に反映されるのでしょう。加えてネットを使った陰湿ないじめなどが、非行に対する恐怖心につながっていると思います。

この問い立ては、少年非行の凶悪化について議論するためのものではありません。非行や犯罪に対処するときの視点を考えるためのものです。「非行少年は凶悪化している」という立場の人は「非行少年は凶悪化させられている」と、同じく「非行少年は凶悪化していない」という立場の人は「凶悪化は防がれている」と言い換えてください。この関係性の視点が非行や犯罪を解決するための方法につながります。

非行・犯罪の理解の2つの方法

I部の冒頭で触れましたが、犯罪や非行の理解の仕方には2つの方法があります。その一つ目が、犯罪者や非行少年という個人に焦点を当てるやり方です。これはオーソドックスな犯罪・非行の理解の方法で、わが国では40年くらい前までは、ほとんどがこのような理解の仕方でした。

2つ目の犯罪・非行の理解の方法が、非行少年や犯罪者をとりまく関係性に視点を移した方法です。わが国では35年くらい前からようやく取り入れられました。

一つ目の、非行少年個人に焦点を当てた非行理解は、非行少年の内に問題を探るという「問題の内在化」(intra-psychic)による理解です。すなわち、「問題＝非行少年」だという視点です。このような捉え方をすれば、非行少年や犯罪者の責任を問うことができるわけです。成人であれば罪に応じた刑罰を与えられます（I－1の図1を参照）。

この理解の方法は司法の根幹です。このような捉え方をしなければ、司法の基盤としての裁判が成り立ちません。ただ、この捉え方だけで少年非行を見ると、少年が重大事件や凶悪事件を起こす度に、「少年を厳罰にせよ！」「少年を死刑にしろ！」となりかねず、非行少年の立ち直りのためのケアや問題解決にはつながり難くなります。

それに対して2つ目の、少年を取り巻くさまざまな関係性（inter-personal）による非行・犯罪の理解では、家族、学校、社会との関係の歪みが、少年たちの非行や子どもたちの問題として表れているのだ、という理解の仕方をします。このように理解をすることで、非行少年の援助、ケアのための基本的なスタンスが得られるのです。非行少年の更生は、その関係の歪みを修復していくという作業になります（I－1の図2を参照）。

これが非行・犯罪の解決のための第1のポイントです。

関係性による理解の落とし穴

ただし、関係性の視点で問題を捉えるときの注意点があります。

私たちは、小さな子どもの習癖などの問題であれば、「親―子」の関係の問題だと理解して、必要であれば親に育て方をアドバイスすることができます。

ところが、少年の凶悪事件や重大事件の場合、少年の責任を問うだけでは収まらず、今度は「親は何をしているのか」「親の育て方が悪い」となりがちです。すると、時には家族全員が非難されたりしかねません。殺人事件を起こした少年のお兄さんが自殺するといったことが、実際に起きているのです。

非行少年を抱える加害者の家族が非難されて、親の失業、家族の疾病、転居などにつながり、家族が崩壊していくと、非行の解決と少年のケアのために一番大事な家族という資源が失われてしまうことになります。

円環的認識――関係の輪で理解する

それでは、どうすればいいか。非行や問題行動を「関係の輪」で理解することが、解決のための第2のポイントになります。

私たちは、物事を「原因→結果」の直線的な因果関係で見ています。この認識では何か事が起きると原因探しを始めてしまいます。そのため非行の原因探しをすると、「親が悪い」「家族が悪い」という〝悪者探し〟が始まってしまうのです。

必要なのはむしろ、関係の輪で理解するという円環的な認識です。この見方では、ものの事を「原因→結果」という直線的関係で捉えません。「原因＝結果」という見方をします。この認識による最大の利点は、非行の原因探し＝〝悪者探し〟をやめることができることです。

円環的認識を分かりやすく説明します。たとえば、ある子どもが家出と万引きを繰り返すという問題を起こしたとします。

児童相談所の子どもの担当者Aさんが、その子どもから話を聞きました。すると、その子どもはこう答えました。

「だって、お父さんが暴力をふるうんだもん。だから僕は、家にいたくないから家を出る。お腹がすいても食べるものがないからお菓子を万引きする」

すると担当者Aさんの認識は「あ、そうか。お父さんの暴力という原因があるから、子どもは非行という問題（結果）を起こすのだな」となります。

次に、父親の担当者Bさんが、お父さんから話を聞きました。そうすると父親はこう答えました。

図10　非行をめぐる円環的認識

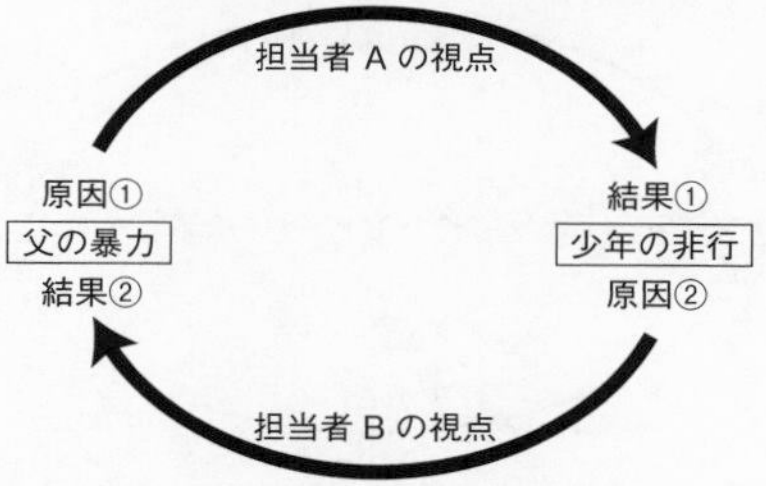

担当者Ａ:「父が暴力をふるうから（原因①）、少年は家出をして非行をする（結果①）」
担当者Ｂ:「少年が家出をして非行をするから（原因②）、父は暴力をふるう（結果②）」

「何を言ってるんですか、先生。いくらこの子に口で注意をしても、全然やめないんですよ。すぐに家を出て悪さをする。その度に私は警察に呼ばれて『お父さん、もっとしっかりしつけてくれなきゃダメですよ』と怒られているんです。だから私は、この子を力ずくで押さえつけて家から出さないようにしているんです」

担当者Ｂさんは「あ、そうか。この子が家を飛び出すという原因があるから、お父さんは力で抑えるという問題（結果）を起こすのだな」という理解になります。

今度は、子どもの担当者Ａさんと父親の担当者Ｂさんが一緒にケース理解をしたとします。そうすると、お父さんの暴力も原因であり結果、その子の非行も原因であり結果であるという、図10のような円

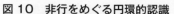

図11　夫婦関係の悪循環

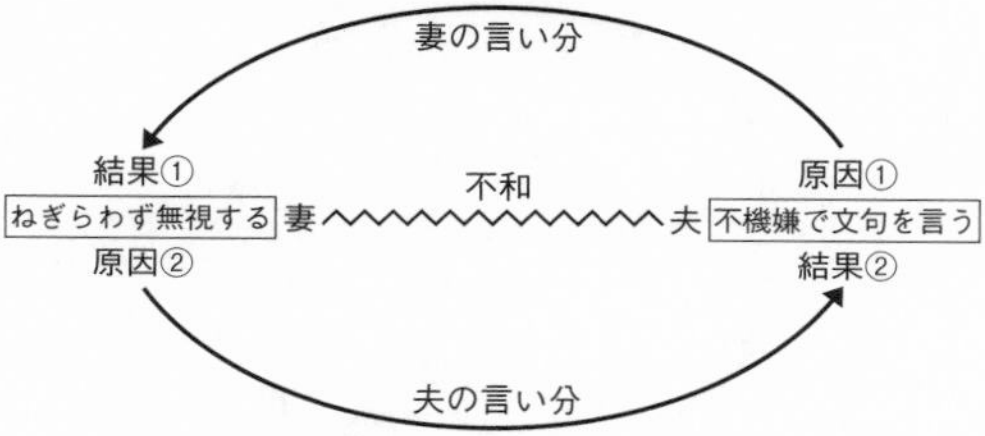

妻の言い分：「夫はいつも不機嫌で家事と子育てに文句を言うだけだから（原因①）、私は愛想を尽かして黙っている（結果①）」
夫の言い分：「妻は疲れた夫をねぎらわず、家事と子育ての助言も無視するから（原因②）、俺は家庭にいると気が滅入り元気がなくなる（結果②）」

環的な関係になっていることが分かるでしょう。
このようなものの見方を円環的認識論と言います。

夫婦関係の不和

この円環的な関係は、夫婦関係の不和などでもよく見られます（図11）。双方の話を聞いていると、どっちもどっちというか、これも結局は夫も原因であり結果、妻も原因であり結果である、ということになります。何が問題かと言えば、夫と妻の関係の悪循環が問題だということになります。

この夫婦が離婚裁判をすれば、妻の弁護士は「原因①→結果①」、夫の弁護士は「原因②→結果②」の直線的な関係の捉え方に立って、相手を非難するでしょう。一方、関係を継続して不和を解決していくとしたら、円環的に関係を捉えて悪循

図12 直線的因果論（法的認識）と円環的認識論（システム論的認識・援助のための認識）の関係

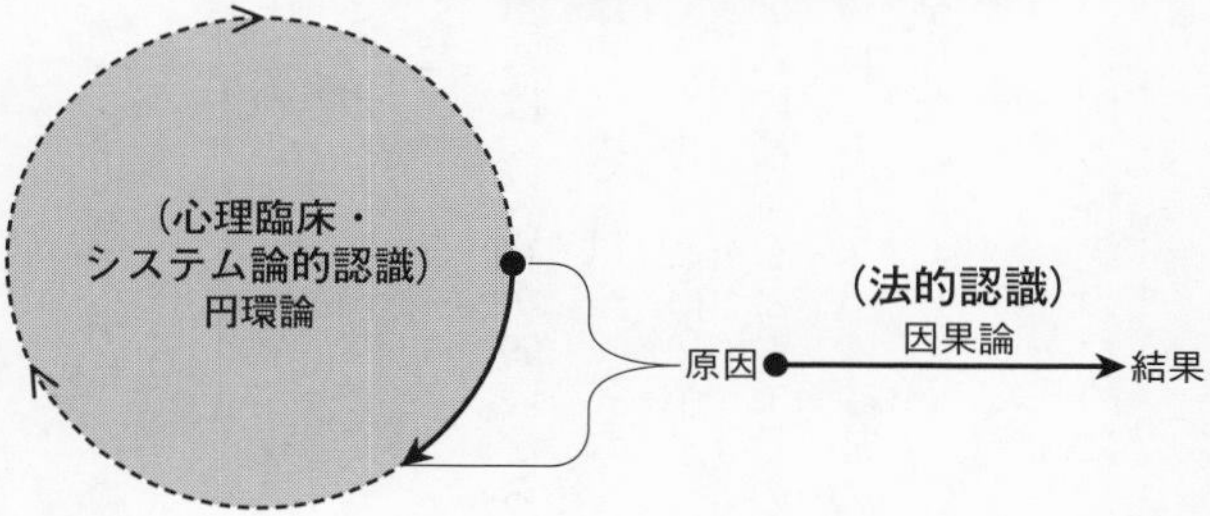

環を断つ必要があります。

直線的因果論と円環的認識論の両者を対比すると図12のようになります。つまり直線的な「原因→結果」の因果論は、円環の関係の輪からどこかを起点と終点にして切り取って伸ばしているのです。

家族療法の実際

家族療法のアプローチのための視点として、関係性と円環性の2つの認識論を説明しました。では、それを踏まえて子どもが非行の予兆を示したときに家族はどのように対処すればよいかを、家族の機能、家族の構造、家族の発達という3つのアプローチから、それぞれ説明します。

【事例】K家：少年E（13歳、中学1年生）、父、母、祖父

・中1のE君は、最近夜遅くコンビニに行くようになり万引きをした。父が店に謝罪と弁償をして済ませたが、E君は父に「ウザイ！　いらんことするな」と悪態をつくだけである。
・祖父は、父親が弱いからダメだと言って、E君を怒鳴ったり説教したりする。E君は祖父に「はやく死ね！　クソじじい」と反発している。
・父は、E君と祖父がぶつかり合うたびに、E君をなだめたり祖父に謝ったりして、2人の機嫌をとってその場を収めている。
・母は、そのような家族のことでうつ的になって、何も関わろうとしない。父とも話をしない。

この事例の解決のために、どのようなアプローチをするかということを学生に聞いてみました。

・中1のE君は、思春期で不安定になっているから、カウンセリングをしてあげる。
・おじいさんは、E君を怒鳴ったり説教ばかりしているから、もう少しお年寄りらしく隠居してもらう。あとは早くお亡くなりになっていただく……。
・お父さんが弱くてE君に父親らしく関わっていないことが一番問題だから、お父さんに強くなってしっかり向き合ってもらう。
・お母さんには、早くうつを治して母親の愛情をE君に注いでもらう。

このように学生たちの意見は、基本的には家族メンバー個人個人に焦点を当てており、一人ひとりに関わっていくというアプローチになっています。個人に焦点を当てた理解はオーソドックスですが、このやり方で果たしてうまくいくでしょうか。

E君にカウンセリングをするといっても、非行化傾向の少年はそもそもカウンセリングに行こうとはしません。それまで元気はつらつだったおじいさんが急にお年寄り然とすることなど、まったく現実味がないでしょう。お父さんを強くするといっても、どのようにして気弱なお父さんを強くするのか。お母さんのうつを治すといっても、うつはそうそう簡単に治るような病気ではありません。

つまり、個人に焦点をあてたケース理解は、一人ひとりの今の状態を正反対にすればうまくいくかも知れない、という希望的観測に過ぎず、言うほど簡単にはいきません。

しかもケースの理解の仕方が直線的因果論、つまり「原因→結果」になっていますから、お父さんが弱いことが原因だとなるとお父さんが少年の非行を生む「悪者」になってしまいます。おじいさんの説教が原因だとすれば、今度はおじいさんが「悪者」です。このように、結局は家族の誰かが「悪者」になりやすいのですが、家族の誰かを「悪者」にしたらそもそも家族の協力が得られません。

ここで必要なのは、家族個人ではなく「家族の機能」に注目したアプローチです。

「家族の機能」へのアプローチ

家族の機能へのアプローチは、人間で言えば循環器系、消化器系を調整していくやり方です。循環器系には、血液やリンパ液を体の中へ巡らせて健康を保ち、病気を予防する免疫機能があります。消化器系としての内臓は、胃は胃だけで機能しているわけではなく、食道、腸などとつながっています。それぞれの器官がその役割を果たしつつ、他の器官とつながって循環器、消化器としての機能を果たします。

家族もそれと同じように、一人ひとりの家族のメンバーが心臓や胃や腸などに相当します。家族のメンバーは、一人ひとりが勝手に動いているわけではありません。お父さんがいて、お母さんがいて、お姉さんがいて、弟がいる。このような家族のメンバーがそれぞれの役割を果たしつつ、しっかりとつながっていくことで、家族全体の機能が正常に働くのです。

それゆえ、家族メンバーに問題や症状が生じたときには、家族自身がそれを修復したり治したりするという、家族の免疫としての機能が果たされるわけです。逆に、家族の機能が不全になると、家族のメンバーの誰かが病気になったり、非行などの問題行動を起こしたりといった「問題」が発生することになります。

また、家族の養護機能が不全になると、児童虐待などの問題が起きたりします。本来、親は、子どもをしっかり育てる役割ができるのですが、家族の機能が不全になると、子どもを傷つけたりいたぶったりするようなことが起きてしまうのです。

K家の悪循環の断ち切り方

家族の機能へのアプローチとは、家族メンバーのつながり、コミュニケーションの歪み、悪循環にアプローチして、家族の問題、個人の問題を解決していくことです。では、K家の機能不全には、どのようにアプローチすることができるでしょうか。

中1の少年が父に悪態をつくと、祖父が怒鳴ったり説教をする。すると、少年はふて腐れて深夜コンビニに行って悪さをする。そうするとさらに祖父が激怒して少年に向かっていく。その時、父が祖父に謝ったり少年をなだめたりして、高まったテンションをトーンダウンさせると緊張状態は一旦収まりますが、しばらくするとまた少年の悪態、祖父の説教、少年の悪さ、父のなだめが繰り返されます。このコミュニケーションがK家の悪循環です(図13)。少年の悪態、悪さがK家のコミュニケーションに組み込まれているのです。

図13のような悪循環を良循環にするには、この悪循環を切る必要があります。悪循環のどこか切りやすいところにクサビを入れればいいのです。ただし、力ずくで壊したら、家族の再生は期待できません。悪循環を起こしている家族をうまく壊すと、良い再生につながります。壊し方が大事です。どこにクサビが入れば効果的なのか、そのためには

図 13　K 家の悪循環

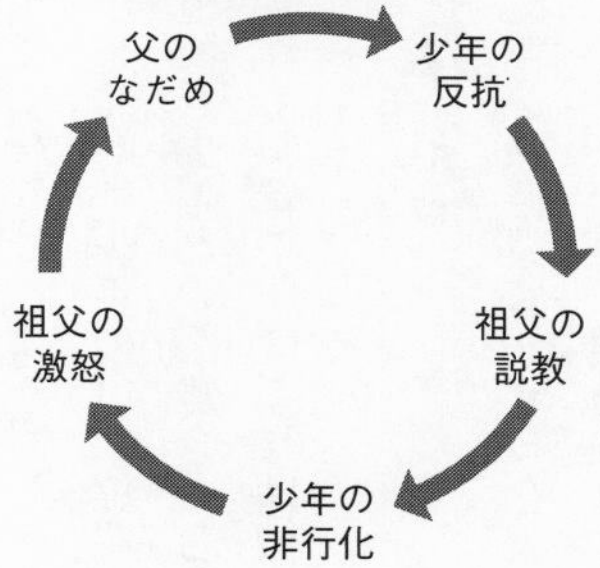

図 14　K 家の悪循環へのアプローチ

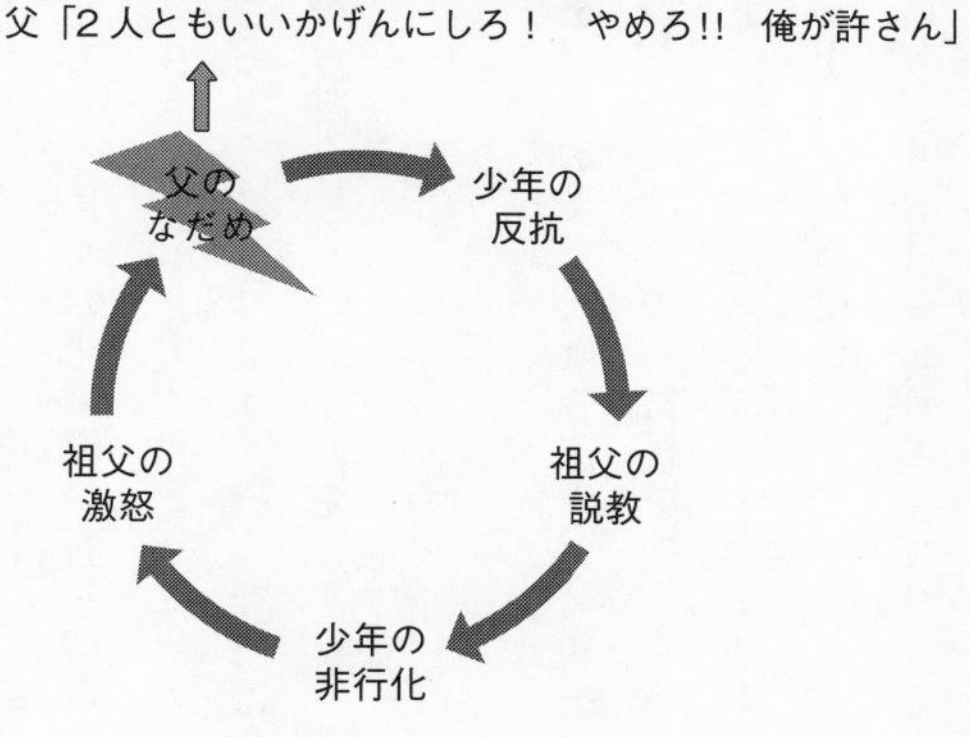

どのようなアプローチが必要なのかを見極めなければなりません。

K家であれば、図14のように、お父さんが自発的に祖父と少年に向かって、「2人ともいいかげんにしろ！　やめろ!!　俺が許さん」と言うことができれば、これが最も効果的なクサビになるでしょう。そうなれば、今までのK家の悪循環が断ち切られると同時に、父が必然的に少年の上に位置付けられ、少年にしっかりと関わることができます。さらに、祖父も少年との距離をとることができるようになります。そうなれば少年の問題は改善されて、青年期になれば徐々にK家から自立していくことでしょう。

父親を勇気付ける

K家の父親が悪循環にクサビを入れることができるようになるには、父親を勇気付けることです。ここで「父親を強くする」と言わないのは、弱い父親を強くすることは困難だからです。強くすることは無理でも、勇気付けることはできます。父親の性格を変えずに、父親自身が勇気付けられて、パワーを上げていけばいいのです。

勇気付ける方法は、ものの見方を変えて意味付けを変えるのが有効です。これをポジティブ・リフレイミング（positive reframing）と言います。たとえば、缶ジュースをタテに置いて見ると長方形になりますが、ヨコに置いて見ると缶の底の丸い形が見えてきます。

このように物事を見る角度を変えると、意味付けが変わってくるのです。

私たちの性格は、その人に備わっているものではなく、家族関係や友人関係などさまざまな関係の産物なのです。その関係の中でいろいろな見方をされて、ネガティブに意味付けられたり、ポジティブに意味付けられたりしています。

K家の父親は、息子に向き合わない父、祖父の機嫌ばかりとる父、弱い父というようにネガティブに意味付けられています。それをポジティブに意味付ければいいのです。

たとえば次のようになります。

息子に向き合わない父⇓息子の自主性を尊重する父
祖父の機嫌ばかりとる父⇓お年寄りを敬う父
弱い父⇓ 権力を振りかざさない父

子どもや家族に問題が起きたら、家族全員で皆の性格をポジティブ・リフレイミングしてみてください。それだけで家族関係が変化していきます。

コップ3杯のマジカルウォーター

家族の悪循環を変える方法はいろいろと考えられます。家裁調査官時代、シンナー吸引を続ける中学生とその両親に、私が実際に施したアプローチを話します。

中2の少年がシンナー吸引を繰り返していました。両親は「息子は、小学生までは私たち夫婦の喧嘩を泣きながら止めるような親思いの子でしたが、中学校に入学してからシンナーを吸って親を困らせるだけの非行少年になり、私たちは警察に毎日のように呼ばれる始末なのです」と、青白い顔をした少年を横目で見やりながら嘆きました。

少年が小学6年生時に父の浮気が発覚して夫婦の不和が続き、両親は顔を合わせれば喧嘩をしていました。小学生の少年は、そんな両親の喧嘩を泣きながら仲裁し続けました。ところが、中学校に入学直後から深夜不良仲間とつきあうようになったのです。中学1年の夏休み頃からシンナーを吸うようになり、両親は夫婦喧嘩をする暇もなくなりました。

父は玄関で少年の帰宅を待ち構え、シンナーでラリっている少年を繰り返し殴りつけました。父は、少年のシンナーをやめさせるためにはもはや力で抑えつけるしかないと厳しい口調で述べました。母は、少年が父に殴られている姿をドアの後ろでただ見ているしかありませんと小声で言いました。

少年は、シンナーを吸っているときだけ親のことを忘れられるのでシンナーはやめられないと言いましたが、シンナーで身体を壊している仲間をみると少し恐い、とつぶやきました。

そこで私は、両親と少年の話をしっかりと聴いてから、まじめな顔をして、「大人のタバコと同じようなもので、シンナーはなかなかやめられるものではありません。とりあえず今この子に必要なことは、シンナーの毒を薄めてやることなのです」と言って、次のアドバイスをしました。

「この子がシンナーを吸って帰ってきたら、汲みたての新鮮な水をコップ3杯飲ませてあげてください。少しでも早い方が効果的なので、お父さんとお母さんでコップリレーをして、すぐにコップ3杯の水を飲ませることです。素早くやらなきゃ駄目ですよ」

両親はこのアドバイスを真剣に聞きながら、「シンナーの毒を薄めてあげることが先ず必要なんだね」というようなことを2人で話していました。

少年には、厳しい顔をして「コップ3杯の水を飲まないと、シンナーの毒で骨が溶けるからね」と言って、「コップ3杯の水を飲まないなら、少年院に行って治さなきゃ駄目だぞ」と脅かしました。

その後、両親は一生懸命にコップリレーを続けました。少年がシンナーを吸って帰ってくると、「ほい、お母さん、コップに水を汲んできて」「はい、お父さん、コップのお水」とコップリレーをしながら、少年に水を飲ませたのです。少年も少年院に行くのが嫌だから、とにかくコップの水を飲み続けたのです。

そのようにして1ヵ月を過ぎた頃に父親から、「不思議なことに子どものシンナー吸引が減ってきました」と電話がありました。そして3ヵ月目には少年のシンナー吸引の問題が解決してしまったのです。

マジカルウォーターの種明かし

少年のシンナー吸引がどうして治ってしまったのか、種明かしをします。

私は、この家族の話を聞いて、この状況には以下のような前提がある、と見立てました。

①少年のシンナー吸引には、両親の不和を阻止する目的がある。
小学生時には両親の喧嘩を泣きながら止めていた親思いの少年が、中学入学後に一転してシンナー吸引をして親を困らせる非行少年になったように見えるが、非行によって夫婦喧嘩をする暇もなくした少年の家族内での役割は、相変わらず〝両親の仲裁役〟であることに変わりはない。
②少年がシンナーを吸って帰宅すると、父が少年を殴りつけ、母はぼう然と見ているだけ、少年は父に反発して夜間外出する、という悪循環を断ち切る必要がある。父としては暴力に訴えてでも何とかして少年のシンナーをやめさせたいという思いがあるが、少年はシンナー吸引に対する単なる罰としか受け止めていない。このすれ違いを解消する必要がある。
③少年はシンナー吸引による身体の害について不安を抱いている。
シンナー吸引など薬物乱用をする少年たちは、薬物の有害性や心身の変調について敏感になっていることが多い。

少年と家族についての以上の見立てをもとにして設定した、「コップ3杯の水を飲ませる」というアドバイスは、まず少年が帰宅すると父が殴るという悪循環を阻止しています。次に、両親がコップリレーをして少年の身体を心配して水を飲ませるという、両親の協力関係を促します。少年にはシンナー吸引の毒を水で薄めるという（屁）理屈による動機付けをしています（実際には、飲水によってシンナーの毒が薄まることはありません）。

このようにして、少年と両親がアドバイスを確実に実行した結果、少年のシンナー吸引の問題行動が短期間に解決したのです。非行など子どもの問題行動は、「こんなことで治るの？」と思われるようなやり方で治ることが、結構多いのです。

「家族の構造」へのアプローチ

「家族の機能」の次は、「家族の構造」にアプローチする方法をご紹介します。

家族の構造が崩れると子どもの問題が出てきますが、それでは子どもにとって必要な家族の構造とはどのようなものでしょうか。

その家族構造を見出したのが、長らくニューヨークのダウンタウンの児童相談所で嘱託医師をしていたサルバドール・ミニューチン（Minuchin, S.）という精神科医です。

ニューヨークのダウンタウンの非行少年たちには、妙に大人びた子たちが多くいました。ミニューチンがその子に来てもらおうと思っても絶対に来ません。当人の親はどうかというと、親にもいろいろな問題があって、子どもをほったらかしにしています。

子どもは来ない、親はほったらかし。それでも親は、嫌々ながらでもなんとか児童相談所には来てくれます。そこでミニューチンは、仕方ないので親の様々な問題や症状をケアし、親を治すことに集中しました。

すると、不思議なことに治療に来ない子どもまでが良くなっていったのです。こうしてミニューチンは、ニューヨークのダウンタウンの児童相談所で、このような子どもと家族の症例を一つひとつ積み重ねていったのです。

その結果、ミニューチンは、子どもが思春期、青年期までを過ごすウェルネス（健幸）な家族構造には図15のようなヒエラルキーがあることを見出したのです。

ウェルネス（健幸）な家族構造

子ども世代（サブシステム）の上に親世代（サブシステム）が位置することによって、子どもの甘えや依存を受け止めるという保護的機能が生じます。子どもがいけないことをしたら叱る、禁止する、教えてあげるという指導機能も適切に働きます。第二反抗期の

図15　子どもが思春期・青年期までのウェルネス（健幸）な家族構造

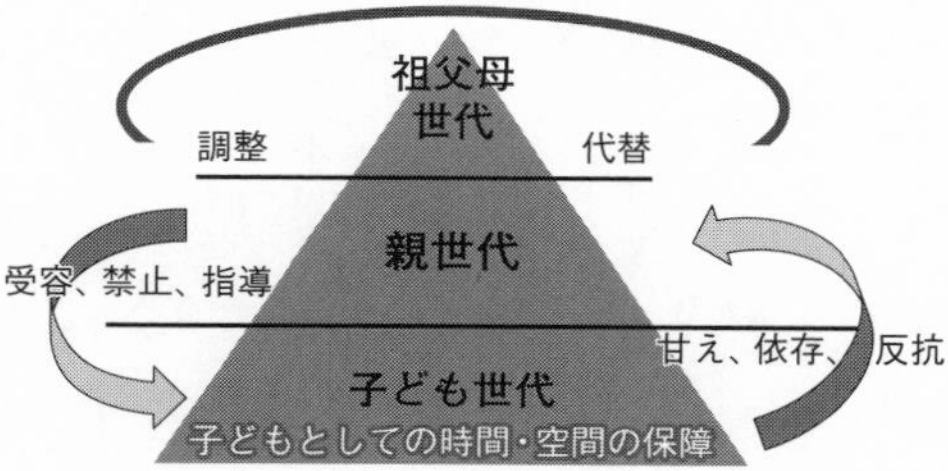

子どもであれば、親が上にきちんといることによって、親子の世代間抗争を経て子どもは親を乗り越えていくことができます。

しかしながら、親もそれほど楽ではありません。親がくたびれた時に祖父母世代（サブシステム）が親の役割を代わってあげたり、親のやり方が行き過ぎたらおじいさんやおばあさんの知恵袋で調整してあげることができます。このようなよい意味でのヒエラルキーが必要だということです。

ただし、この家族構造はガチガチに固まったものではありません。子どもの年齢、状態、親の仕事などの事情に応じて、親が子どもと同じレベルで遊んだり、祖父母が一定期間親の役割を代行するなどの柔軟性も必要になります。

この家族構造の最も重要な意味は、子どもとしての時間と空間が保障されていることです。子どもがその年齢に応じた子どもとしての時間と空間を生きることができれば、子どもは自然に次のステップへ上っていきます。

K家の家族構造では、E君が父親に悪態をついたり問題行動を起こしたりして、親世代に侵入しようとしています。それを阻止するために、祖父が父親、母親を無視して親世代に入り込んでE君とぶつかっています。その結果、肝心な親世代がないがしろにされてしまい、ミニューチンの推奨するウェルネスな家族構造が崩れているのです。図15のように家族の構造を再構成することが必要になります。

夫婦関係の問題＝少年の非行

家族の構造を再編成するためには、親世代（サブシステム）、夫婦関係が最も重要になります。何となれば、人間でいえば脊髄に相当する、家族を成立させるための「主柱」ともいえる重要な部位だからです。しかし、夫婦関係は家族関係の中で唯一実際の血のつながりがないので、一番脆い部分でもあります。

子どもの問題は家族の問題だと言いましたが、多くの非行少年の家族と関わった経験からすると、さらに「夫婦関係の問題＝少年の非行」だといっても過言ではないでしょう。逆に言えば、「夫婦関係がしっかりしていると非行は起きない」とも言えます。ですから、子どもに非行の予兆が出たときには、ご夫婦の関係の状態を振り返ってみてください。些細な歪みかもしれませんが、それが子どもの非行として表現されているのかもしれません。

家裁調査官として少年事件と離婚などの家事事件を同時に担当した経験で言えば、少年の非行が改善された途端、その両親の離婚問題が出てきたりしたことがよくありました。少年は親が離婚をして家族がなくならないように、非行をすることでくい止めていたわけです。

夫婦関係を良くすることは難しいと言いましたが、夫婦関係は良くならなくても夫婦が協力する、夫婦で一緒に何かをすることはできます。たとえば、子どもの前で父と母が一緒に食事を作ったり皿洗いをしたりするだけでもいいのです。要は夫婦が協力をして家族の日常生活をすることが大事なのです。

これを家族療法では、「夫婦連合」と言います。連合（alignment）とは家族のメンバーが何かの目的のためにとりあえず結びつくことです。したがって、子どもの非行などの問題行動の予兆が表れたときは、それを防ぐために夫婦が連合してください。

「家族の発達」へのアプローチ

最後に、家族の発達へのアプローチを説明します。

家族には、一人の人間が生まれて、大人になって、結婚をして、子どもが生まれて、子どもが成長して、親が年を取って亡くなるという一世代の発達の過程があります。家族のライフサイクル（family life cycle）には、いくつかの段階で乗り越えなければならない課題があります。これを家族のライフタスク（family life task）といいます。家族がライフタスクを乗り越えることができないと、個人や家族の問題が表れてきます。逆に言えば、家族がどのライフサイクルで、どのようなライフタスクでつまずいているかを確認すれば、それに応じた対応ができます。

一世代の発達のライフサイクルをいくつかに分けて、以下にライフタスクを確認します。

第Ｉ期：結婚から第一子誕生までの家族

第Ｉ期のライフタスクは、夫と妻がそれぞれの原家族から心理的、物理的に離れて新しい夫婦システムを確立することです。そして、原家族の親子関係などで生じた未解決の問題を、新しい夫婦関係に持ち越さないことです。

新婚期に夫婦システムを形成するときには、お互いに独身時代の生活習慣を変更せざるを得ません。また夫婦生活のルールを築く過程で主導権争いが生じるために、利己性と相手のニーズとの葛藤のなかで夫婦の関係を確立していかなければなりません。

若年層の夫婦が原家族と癒着している場合、夫婦関係の形成の過程で親を巻き込んだ三者関係に陥り、夫婦として課題に取り組む力が削がれ、家族の核としての夫婦関係が脆弱になってしまいます。さらには夫婦の一方または双方が原家族の親と連合してしまい、若年夫婦の離婚問題になったり、どちらかが心身に症状を呈したりすることがあります。

第Ⅱ期：第一子誕生から末子小学校入学までの家族

第一子が誕生してからの家族のライフタスクは、夫、妻という役割に、乳幼児の養育者としての父親、母親の役割が加わります。夫婦という二者関係も、子どもとの三者関係、子どもの人数による複数関係へと拡大していきます。乳幼児の養育の負担も子どもの人数が増えるごとに大きくなっていきます。

この時期の家族の問題や危機は、育児を通して表れます。特に出産、授乳期の母親の精神的、肉体的負担を伴う育児時期において、家事仕事などの夫婦の役割分担が適切に行われないと、母親の精神疾患が生じたり母親と子どもの関係に歪みが生じてしまい、育児不安、さらには乳幼児の虐待にもつながりかねません。

この時期は実生活において母親と子どもの関係が強まるだけに、夫婦関係が疎かになり、夫の浮気や仕事への逃避などの問題も起きやすくなります。

第Ⅲ期：学童期、思春期の子どもがいる家族

小中高校生までの子どもがいる家族では、子どもの発達段階に応じて、親と子の関係が柔軟で明瞭であることが求められます。学童期の子どもは家族を足掛かりとしながら、友達関係を急速に拡大させていきます。

家族に安定感があり、子どもに過剰な役割期待を負わせなければ、家族は子どもの成長を促進する場となり得ます。しかし、親がいつまでも子どもと幼児のように関わったり、むやみに突き放したりすると、子どもの発達は阻害され、退行した症状を示したりします。

自立と依存の葛藤に直面する第二反抗期の子どもに対しては、夫婦が父親と母親として協力して対応することが求められます。その際、夫婦関係が不安定で協力が不適切だと子どもの自立はうまくいかず、あたかも不安定な両親の関係が表面化するのを防ぐかのように、子どもがさまざまな症状や問題行動を示すことがあります。

子どもが青年期をむかえるころの家族は、子どもが家族から巣立つ前段階にあたるため、家族に柔軟な変化が求められます。

第Ⅳ段階：子どもが巣立つ時期の家族

第一子から末子まで子ども全員が家族から巣立っていく時期です。このプロセスではいわゆる子離れ、親離れが適切に行われる必要があります。

子世代は社会的にも自立し、結婚して新世代の家族を形成します。親世代は祖父母世代に移っていき、さらに姻族関係も派生してきます。またこの時期の夫婦はそれぞれの老親の介護問題にも直面することになります。このようにみると、この時期の家族は質と量ともに大きな負荷を帯びる時期だとも言えます。

親世代は、夫婦2人だけの関係になると、個人としても家族関係としてもさまざまな面で喪失感を味わうことになり、いわゆる「空の巣症候群（empty nest syndrome）」に陥りやすくなります。夫婦2人だけの家族は、今まで夫婦関係に潜在していた問題や課題が顕在化しやすくなり、夫婦の葛藤や不和が激しくなったり、熟年離婚に至ったりすることもあります。

また、介護や扶養問題を機に、きょうだい間で老親の押し付け合いが起きたり、老人虐待が起こったりすることもあります。そのまま老親の死亡後の遺産相続争いに突入すれば、「骨肉の争い」が起きるでしょう。

第Ⅴ段階：老年期の家族

夫婦が老年期を迎え、どちらかが死亡していく、一世代の家族の終焉の時期です。老年期には身体の自由がきかなくなり、身の回りの世話や介護などを受ける立場になります。

子世代の家族と同居する場合は、祖父母世代―親世代―子世代間の3世代間の関係が適切であることが求められます。その3世代家族の関係が適切でないと、親と子の関係にむやみに祖父母が介入して、子に問題や症状が起きることがあります。

多世代の家族の発達――ジェノグラム（GENOGRAM）

最後に、家族療法において、多世代にわたって家族の発達の経過をたどるジェノグラム（GENOGRAM）を使ったアプローチも紹介しておきます。ＮＨＫの番組『ファミリーヒストリー』のように、代々引き継がれてきた縦の家族の流れをたどり、彼らの生涯を捉えていきます。

たとえばこの図16のストラウス家のビル君（13歳）に学校不適応の問題があるとすると、父・グレゴリー、母・イーディス、ビルにそれぞれ話を聞きながら、ストラウス家3世代の家族の情報や家族関係を、ホワイトボードや大きな白い紙に書いていきます。そのようにして、多世代にわたる家族の発達を過去から現在、そして未来の流れで捉えると、それだけで家族が変化し、家族メンバーの問題解決につながっていきます。これをジェノグラム法と言います。

つまり、「この子が問題だからこの子を治して」と言ってきた家族に対して、家族の多世代にわたる関係を書き出して外在化していくのです。家族は、今まで曖昧模糊とし

図16　ストラウス家のジェノグラム

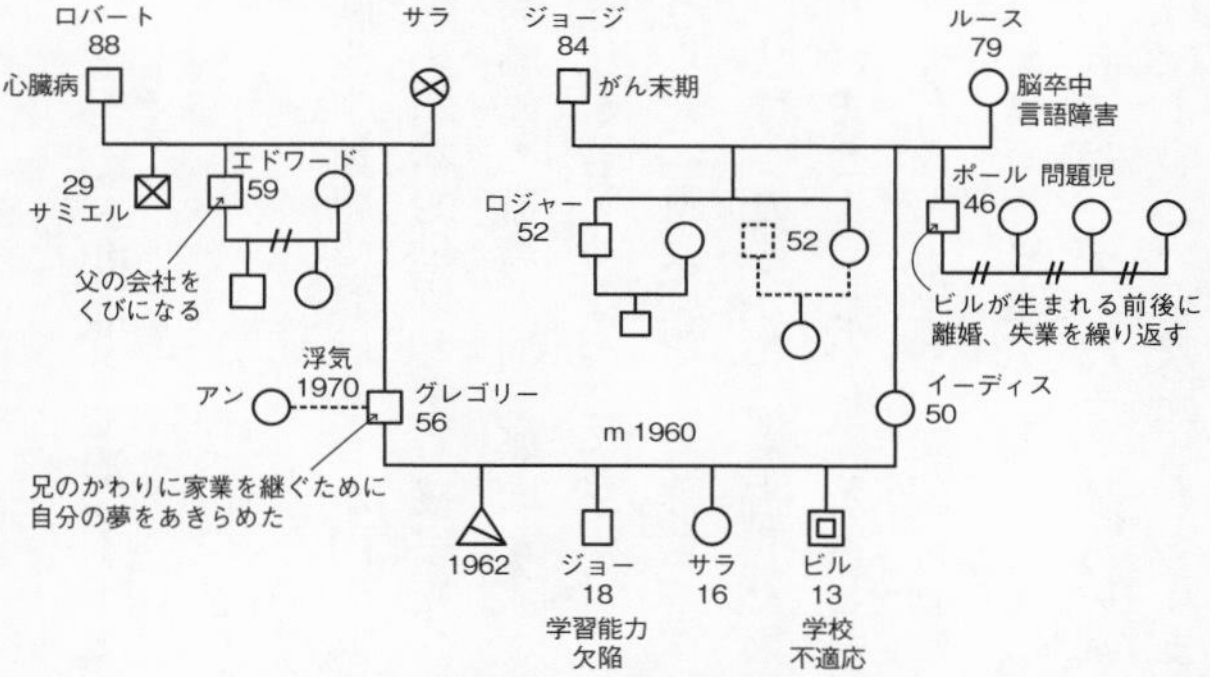

出所：Constructing the Multigeneration Family Genogram; Exploring a Problem in Context. Menninger Video,1985

ていた家族関係を見ることができます。すると、子どもの問題は多世代で引き継がれてきた家族の問題の表れだと理解できたり、家族関係を改善するためのサインが分かってくることがあります。

ジェノグラムは、世代を通して何回も繰り返されているパターンの発見がしやすいことが特徴の一つです。離婚が繰り返されている家族、児童虐待の世代間連鎖、アルコール依存などはジェノグラムによって顕在化することがよくあります。

家族のメンバーに何か問題が起きたら、家族全員で大きな紙にジェノグラムを書いてみることも一案です。それだけで問題が改善されることがあります。

Ⅱ－2　家と間取りで治す——間取図アプローチ

戦後半世紀におけるわが国の家族は、家制度の名残をとどめる直系3世代家族から、夫婦を基本的単位とする核家族へとその形態を移してきました。そして現代の家族は、別居結婚の家族、同性婚の家族、さらにはシングル志向の「家族」まで出現するなど、多様化が著しくなっています。

さらに「脱家族化」と称して、家族の概念を脱却することが家族を救うとも言われたりします。たしかに〝着古した家族の服〟を一度脱ぎ捨ててみることに意味はあるのかも知れません。しかし、着古した服を脱いだ後の「家族」は何を着たらよいのでしょうか。非行など子どもの問題行動に対処するときには、どんな形であれ、家族についての視座が欠かせません。

現代では、その時々の個人の都合や事情によって、家族の解体と再編成を繰り返していけばよいという家族観もあります。しかしながら、そうした家族観によって立つ家族の問題で解決が非常に困難になったり、家族のメンバーに何らかの症状が表れたりするケースをいくつも目の当たりにしてきました。適切に解体に導くにしろ、再編成を図るにしろ、家族という曖昧模糊としたものに、〝かたち〟を付与することは必要です。〝家族のかたち〟は、個人と家族が危機的状況を乗り切るための一つの拠り所となるのです。〝家族のかたち〟を捉えるために有効な手段の一つが、それぞれの家族を包み込む住居の「間取り」に注目することです。この章では、私が実践してきたオリジナルな方法である、「間取図」によるアプローチについて説明したいと思います。

家族関係と家の相互作用

ライフサイクルに従って、その個人と家族には、部屋替え、転居、増改築といった住生活の変化が必然的に伴うことになります。その様相は、家族関係の変化を顕著に反映し、あたかも住居自体が一つの有機体としての変化を遂げていくかのようです。

特に夫婦においては、新婚期、子の出生とその発達の各段階、老年期といったライフステージの変化に従って、住居の変化も顕著に現れます。図17は、大阪府の府営住宅において、女性の視点から提案された可変式の間取りです。新婚夫婦2人でスタートし、

図 17　家族関係による可変式間取りの変容

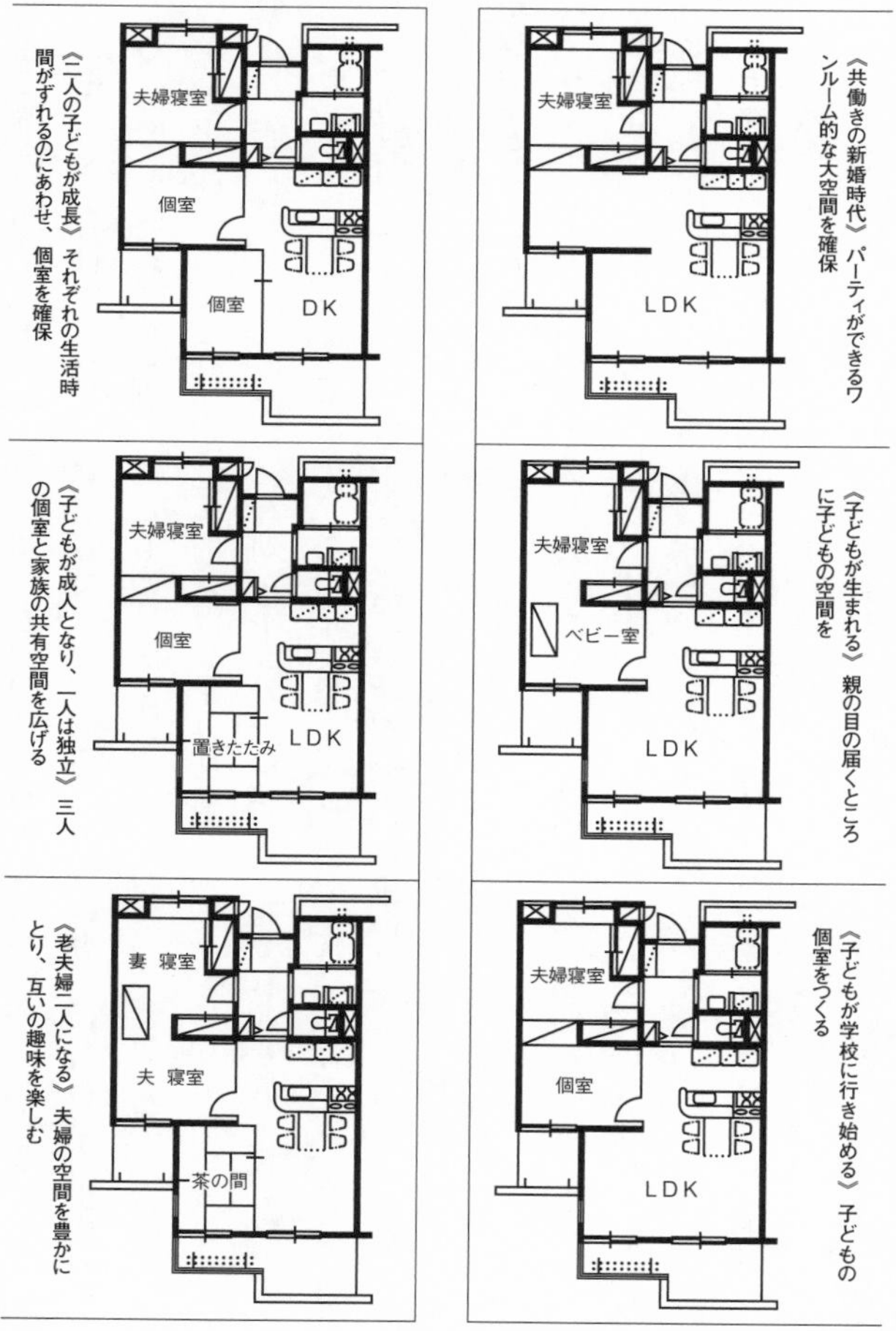

《共働きの新婚時代》パーティができるワンルーム的な大空間を確保
《子どもが生まれる》親の目の届くところに子どもの空間を

《子どもが学校に行き始める》子どもの個室をつくる

《二人の子どもが成長》それぞれの生活時間がずれるのにあわせ、個室を確保

《子どもが成人となり、一人は独立》三人の個室と家族の共有空間を広げる

《老夫婦二人になる》夫婦の空間を豊かにとり、互いの趣味を楽しむ

出典：「朝日新聞」大阪版 1994 年 2 月 3 日

子どもとの生活を経て、再び夫婦2人きりになる。遷り変わる家族関係に応じた住空間の変容がみごとに示されています。

可変式の間仕切りがあたかも家族の境界のように動き、家族メンバーのそれぞれの位置が定められています。間仕切りが可変でなければ、限られた住空間に本棚や机などさまざまな〝しつらえ〟を施せば、それが同様な機能を果たします。逆にいえば、このように住空間を変化させるということは、家族が構造の再構成を行っていると見ることができます。

サザエさんの家

図18は、『サザエさん』の家族のコミュニケーションから想定された、サザエさんの家の間取図です。昭和30〜40年代の世田谷区の敷地約100坪の平屋建て住宅という設定になっています。

サザエさんの家族で特徴的なことは、磯野家とフグ田家による3世代同居の拡大家族であり、波平を一家の長とする家父長的な伝統を磯野家に残しながらも、核家族でニューファミリーのはしりを思わせるフグ田家とほどよく融合している、という点です。

図18　サザエさんの家の間取図

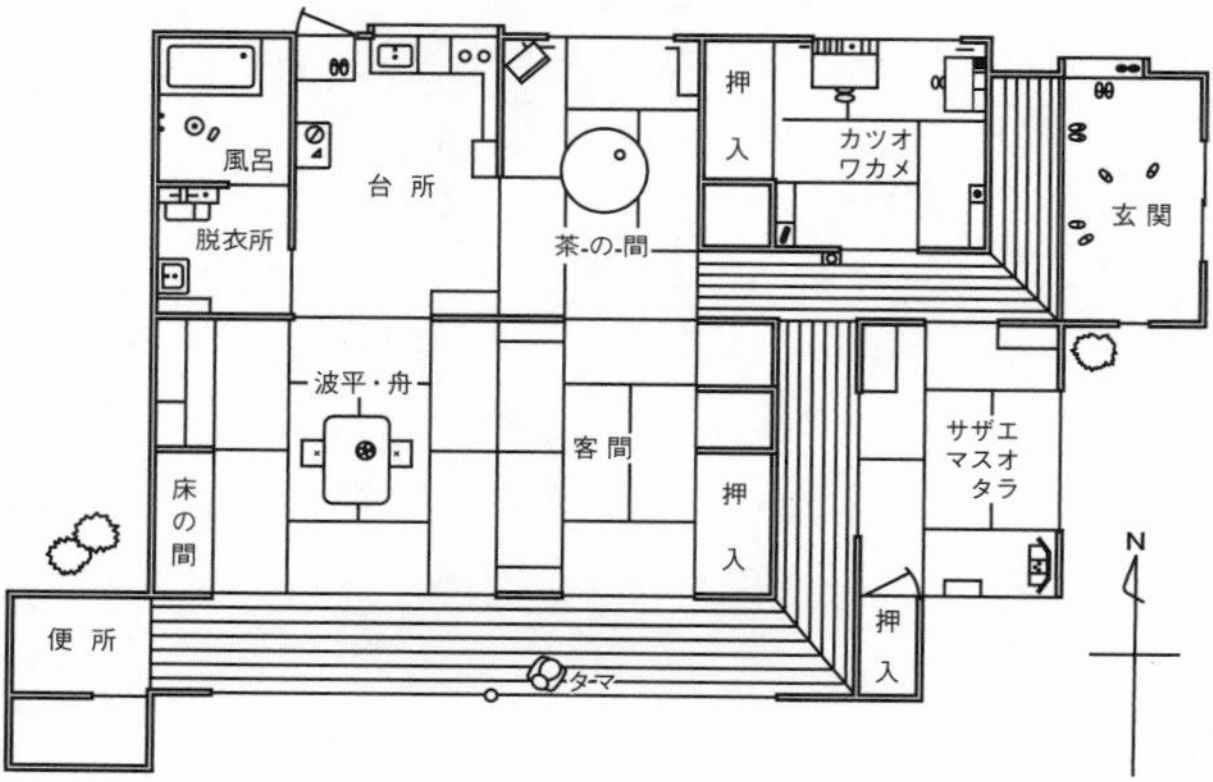

出典：「芸術新潮」1986年7月号

そのようなサザエさんの家族を包み込む家と間取りについて、建築家の清家清は、サザエさんの家族にとって理想的な家であると指摘しています。壁が少なくどの部屋にも行き来が楽にできること、襖《ふすま》で仕切られていること、茶の間がそれぞれの部屋から等距離にあり、各部屋に適度なプライバシーがもたらされていること、廊下が玄関から庭へと廻りながら、まんべんなく各部屋の通路となっていることなど、サザエさんの家族にみごとに適している、と（清家清編集「現代建築の家相」「間取」「芸術新潮」１９８６年７月号）。

　すなわち、家父長的家族とニューファミリー的な家族という、異なった２つのタイプの家族を、緩やかな境界を特徴とする家の間取りがそれぞれを中和させることによって、サザエさんの一家が維持されているわけです。また、茶の間をその家族の核に据えながら、家をめぐる廊下が家族全体のコミュニケーションの回路となって、家族の交流をより促進するようにもなっています。

クレヨンしんちゃんの家

図19は、『クレヨンしんちゃん』の家の間取りです。漫画とアニメから得られる情報をすべて満たすようにすると、このような間取りになります。

しんちゃんこと野原しんのすけの家族は、父ひろし、母みさえ、しんのすけ、妹ひまわり（と犬シロ）で構成された核家族です。平成時代の傾向である典型的なお友だち家族で、父親に一家の長としての権威はすでに失われています。

家族4人は対等なレベルで遊び、喧嘩もします。そのため野原家の家は、間取り全体の調和よりも、家族4人が群れて暴れ回ることのできる活動性に応じた部屋の数と広さが必要になります。

野原家の暮らす家は、非常に奇妙な間取りです。一見して現実的ではありません。し

図19　クレヨンしんちゃんの家の間取図

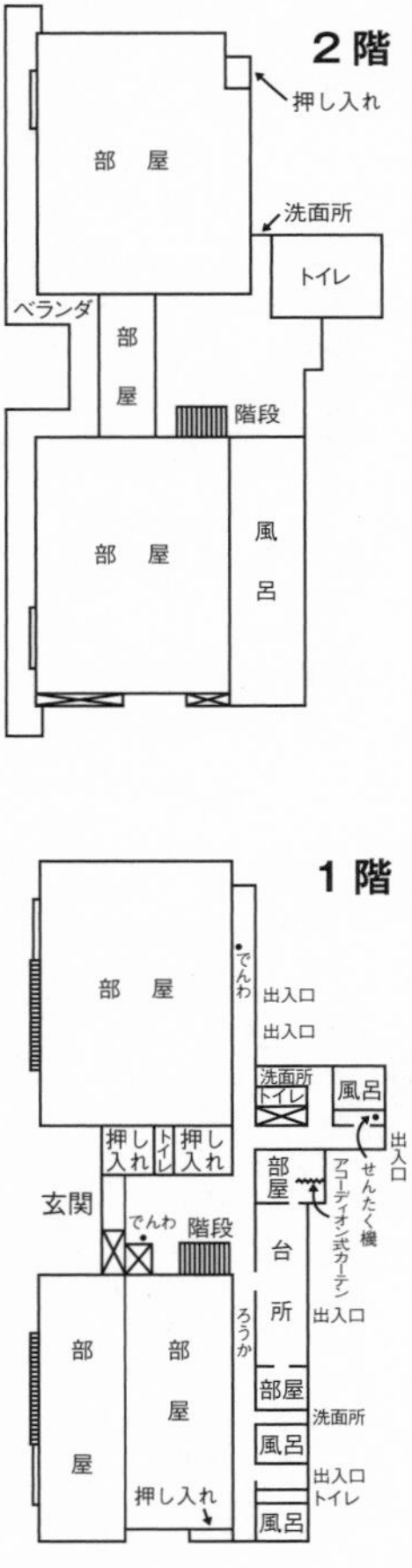

出典：『クレヨンしんちゃんのすべて』創樹社、1993年

かしながら、奔放で突飛なやりとりを繰り広げるしんちゃんとその家族にとっては、最も適した間取りなのです。しんちゃんの家が漫画の家族でしかあり得ない奇妙な間取りになっているということは、逆に言えば、現実の家族は、現実的な整合性を保った間取

りによって家族の関係と行動を規制しつつ一定のまとまりをキープしている、とも言えるでしょう。

サザエさんの家としんちゃんの家の間取りを比べてみてください。仮に、サザエさんの一家がしんちゃんの家で生活をしたとすれば、その十分な部屋数にもかかわらず、サザエさんの家族の調和は維持されないでしょう。同様に、しんちゃんの家族がサザエさんの家で生活すれば、しんちゃんの家族らしい奔放さが失われてしまうか、早晩サザエさんの家はボロボロになって壊れてしまう気がします。

日本の住空間と家族

家族と住居が密接に結びつき、相同的関係を形成していることを述べましたが、ここでは特に日本の住居と家族との関連に焦点をあててみたいと思います。

日本の住空間の際立った特徴は、西欧のように壁で分けられ独立した「個室」という空間の概念ではなく、融通無碍に変化する「間」という空間概念がある点です。

そのような「間」という独特の空間が生成した理由について、建築家の清家清は日本の高温多湿な気候を挙げています。高温多湿な気候に対処するには、まず風通しをよくせねばならず、そのためには柱と柱の間に木と紙による襖や障子を設け、一つの大間を必要に応じて小間として仕切る建築構造が、日本にもっとも適した住居であった、というわけです（清家清　前掲書）。

同じく建築家の原広司は、小間としての仕切りさえも日本の住居にはないに等しく、屋根と柱と床だけの壁がない構造であるとしたうえで、壁の代わりに屛風などを〝しつらえる〟ことによって「座」という個人空間を設け、家族メンバーそれぞれの居場所としている、と説明しています（原広司、黒井千次『ヒト、空間を構想する』朝日出版社 1985）。

西欧においては、硬い境界によって空間そのものを個々の領域に分割する固定的空間構造が特徴であるのに対して、日本においては、空間そのものを全体の「場」として捉えて、それを緩やかな境界によって「間」として一時的に仕切る、という可変的空間構造が特徴です。さらに、家族などの集団によって共有された空間を「座」によって重み付けすることで、家族メンバー間の上下関係を規定しています。

このような空間の認識は、住空間にとどまらず、個人の心性や文化的特性とも密接に関係しています。強固な自我意識による「個」を前提にして集団を形成する西欧人と、集団の関係性において自己を規定していく日本人の違いは、よく語られる通りです。

系統発生としての家

家や間取りは、内側で家族を直接包み込むと同時に、地域社会、制度、自然という外の環境との接点の機能も果たしています。そのため、家や間取りは家族のライフサイクルや生活様式に従って変化するとともに、時代の変遷や社会の変化によっても様相を変えていきます。原広司は、社会や制度の歴史性と、家族の住生活史といった、過去と現在の空間の幾層もの重なりによって形成される多層構造が、建築であり住居であるとしています（原広司 前掲書）。

その意味で、間取りから吉凶を診断する家相は、長年の生活と経験を踏まえて得られた、家に関する教訓のようにも思われます。たとえば、父親の権威に焦点をあてると、「家宅を建つるには、家の中央に宅主の居間を設け構ゆべし」（松浦琴鶴『家相秘伝集』）という家相があります。それは、江戸時代後期以降、父親の権威が衰退し始めた徴候に対処するために、父親の機能の復活を家に求めた結果であるとも言われています。

戦前までの日本では、家の間取りに座敷が普及しており、そこに家長の「座」がしつらえられていました（図20）。その後、家制度の廃止と時期をほぼ同じくして２ＤＫの公

図20　戦前の和風住宅

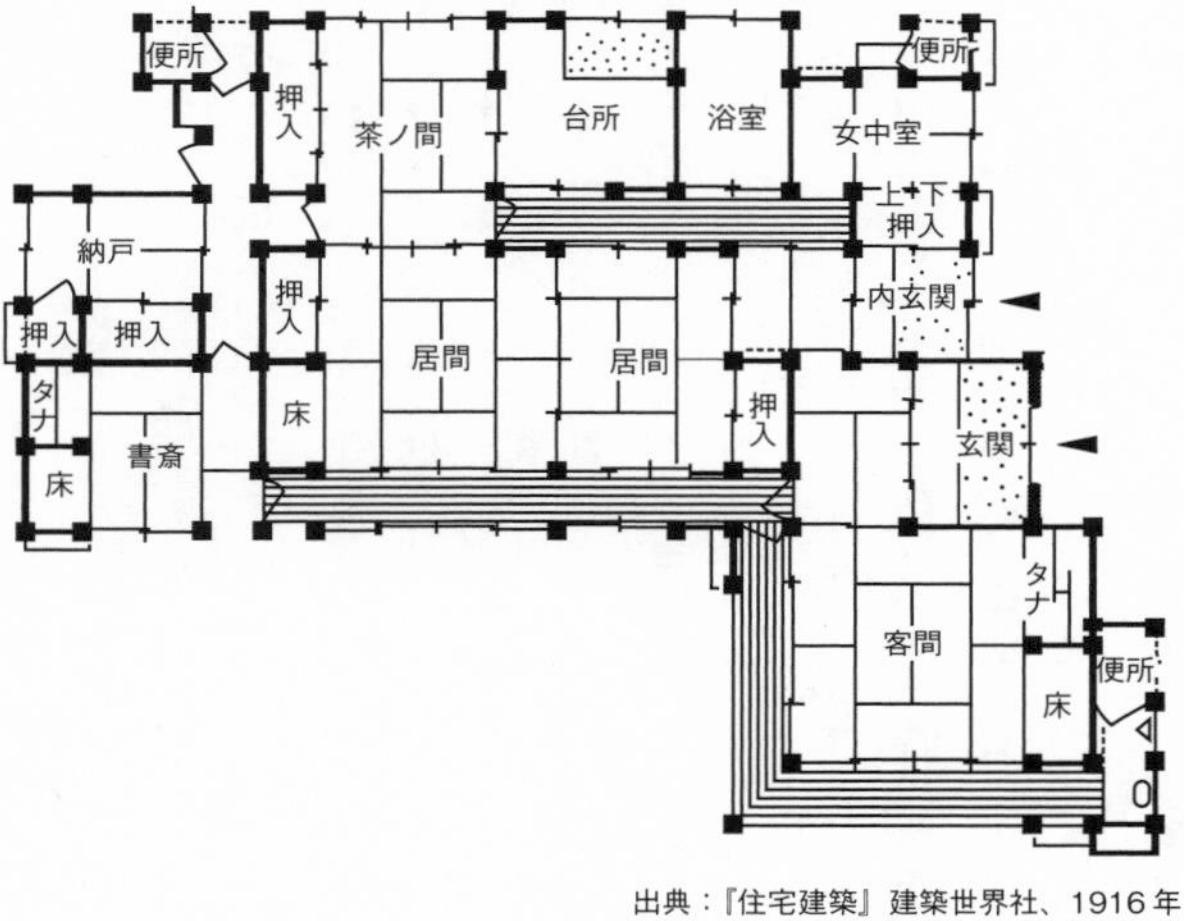

出典：『住宅建築』建築世界社、1916年

団住宅が出現し、父の「座」を維持していた住空間は消滅、父親の権威も失われていきます。さらに、マンションのLDKモデルが一般化すると、その間取りが夫婦を中心とした核家族という家族構成を規定していくようになりました。家族の外の要因である社会制度が、間取りと相互作用していることがよく分かります。

図21は、〝「個」の重視 住まいにも反映〟という見出しで新聞で紹介された、岡山市に実際に建築された家です。この家は門を入ると前庭があり、続いて個室が3つ横一列に並び、それぞれに入り口がついています。リビングル

ームはなく、食事も各自のスケジュールに合わせて別々にとり、用事があればそれぞれの部屋の内線電話を利用するということです。
この家族は、父、母、娘の核家族。母は他の兄弟とは年齢の離れた長女として育ち、父は一人っ子、娘も一人っ子です。一人の生活に慣れた3人は、お互いの生活時間や趣味を大切にして、家族だからといって、無理に都合を合わせたり一緒にいたりはしません。しかし、「ホテル家族」とも違い、適当な距離を保った家族だということです。この家を設計した建築家の山本理顕によれば、この家族と話し合いを重ね、家族の関係を観察し、それを家の形にしたら、このような住宅になったと述べています（1995年3月4日「朝日新聞」）。個別型家族への流れを、なんとも象徴したような間取りです。

図21　「個」の重視が反映した住居

出典：「朝日新聞」1995年3月4日

金属バット両親殺害事件の家の間取り

図22は1980年に4人家族の次男の少年が両親を

金属バットで撲殺した事件のあった家の間取図です。

この間取図から見て取れるのは、一家4人がバラバラになる構造の家だということです。父親と母親の寝室が別なうえに、2人の子どもは玄関から直接それぞれの個室に上がれるようになっています。しかも、父親の寝室は事件が起きる前に増築された部屋でした。事件によってこの家族が完全に崩壊すると、この家族が住みついていた家も消滅しました。

この間取りから推察できるのは、当初は夫婦関係の破綻によって寝室が分離され、さらに家庭内別居というかたちで父親だけの部屋が増築されたらしい、という家族の事情です。食卓や応接室は、家族が集う居間としての機能を果たすこともなかったのでしょう。

連続幼女誘拐殺人事件の犯人・宮崎勤の家の間取り

次に、1988～89年に起きた連続幼女誘拐殺人事件の犯人、宮崎勤の家の間取りを見てみます。宮崎家は夫婦関係が不和で、勤が慕っていた祖父も家族の中では浮き上がるなど、事件発生前からすでに離散状態にありました。家族の体裁だけを取り繕った

図22　金属バット両親殺害事件の家の間取図

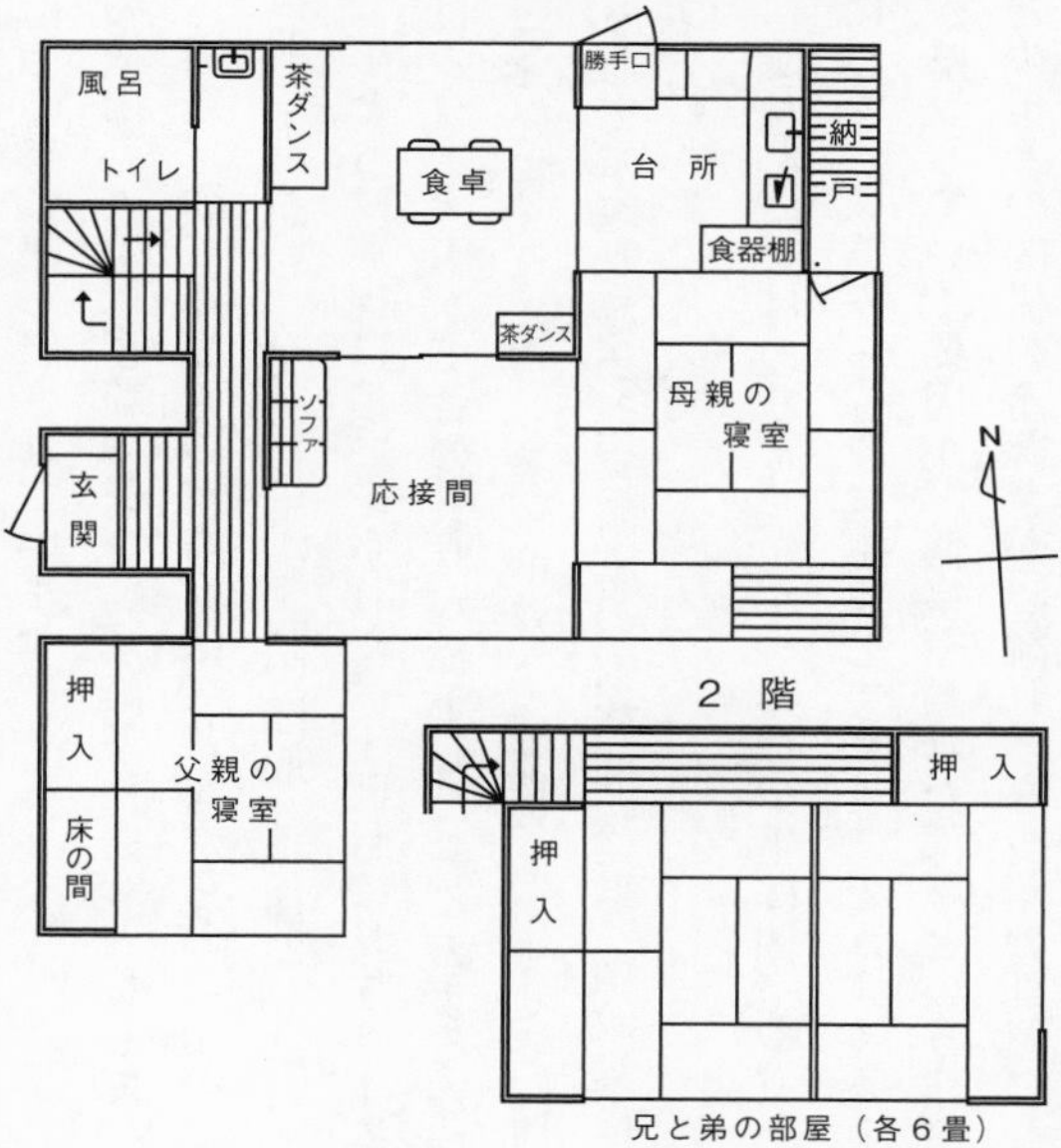

出典：「芸術新潮」1986年7月号

「解離性家族」とも言われますが、その家族の状態は、宮崎家の数回の改築を伴う間取りの変化にそのまま映し出されています。

建築家の横山彰人は、宮崎の家を「解離型住居」と称して、次のように説明しています。祖父、両親、勤、妹2人の宮崎家は、昔ながらの「田の字型」を基本とした農家の間取り（図23-1）から、父の仕事中心の間取り（図23-2）に移行し、食卓はないがしろにされ、子どもは別棟に追いやられた。1回目のリフォームでは大きな食堂があったが、2回目のリフォームでこの食堂が縮小した。このような増改築によって（図23-3）、ついに家族は分断された、と（横山彰人『子供をゆがませる「間取り」』情報センター出版局 2001）。こうして解離し始めた宮崎家の家族関係は、増改築によってさらに解離性が促進されたのです。

宮崎家に限った話ではありませんが、非行少年は個室や家の離れを不良仲間との「たまり場」にして、家族から徐々に離反していくことがよくあります。こういうケースでは、少年が離反していく要因が、個室や離れた部屋という建築空間自体にあるというより、家族と少年との関係の希薄さが「離れ」を少年の部屋にしてしまった、という逆の因果関係が働いているように見えます。そして、少年の孤立と家族からの離反、不良仲

図 23-1 宮崎家の間取図 リフォーム前

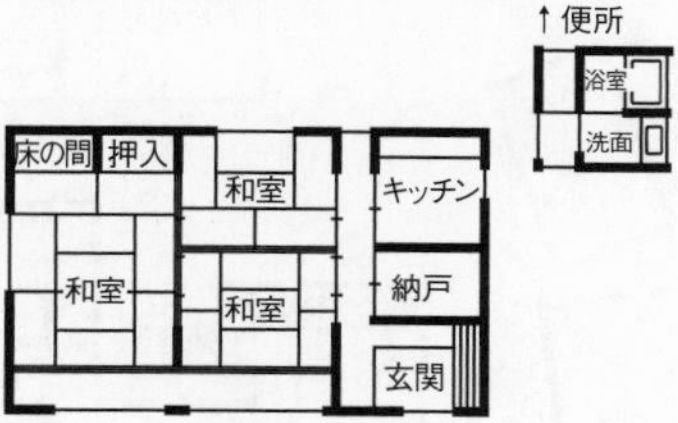

図 23-2 1回目のリフォーム後

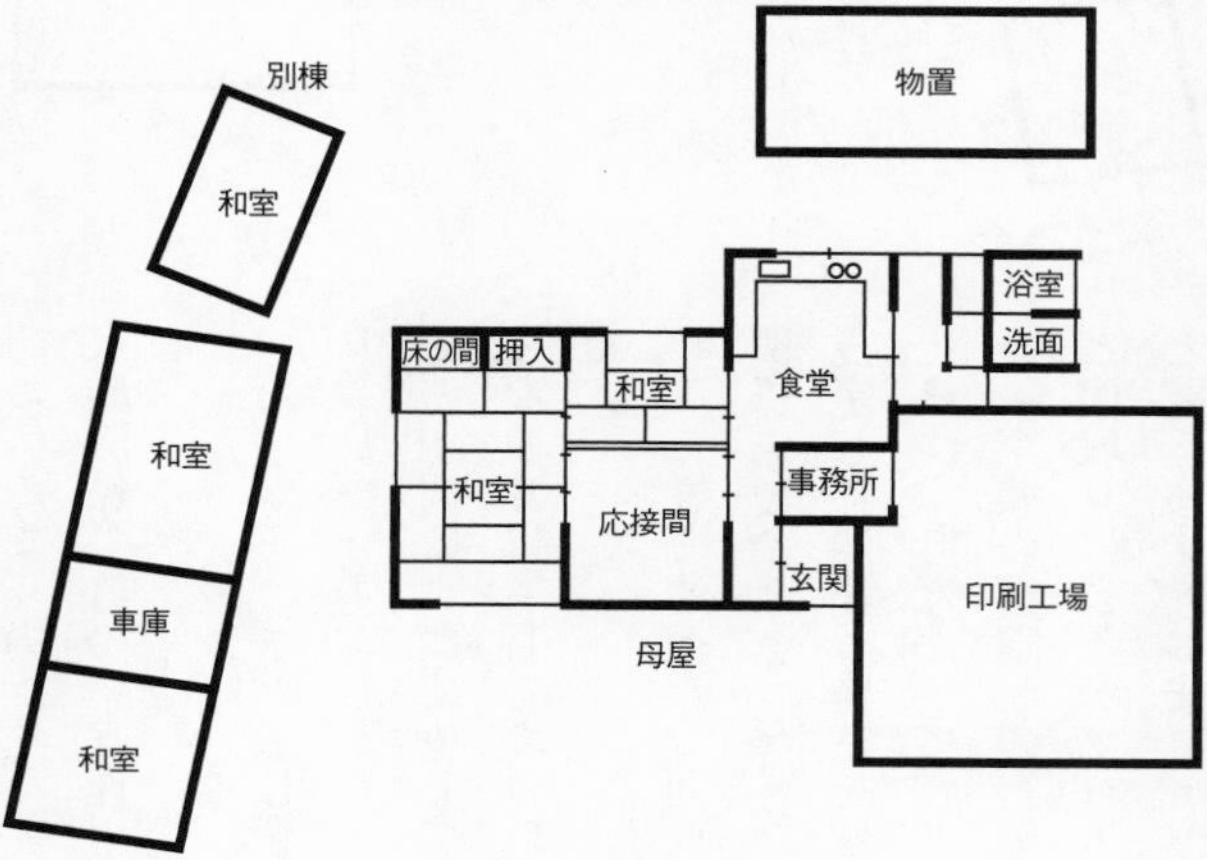

出典：『子供をゆがませる「間取り」』情報センター出版局、2001年

図 23-3　２回目のリフォーム後

間の「たまり場」化など、住空間と家族関係の負の相互作用が進むのです。

ですから、子どもに個室を与えたり、リフォームしたりする場合には、その空間によって生じてくるさまざまな意味に着目しなければなりません。

ここまで述べた、間取りと家族の関係を要約すると、「構造は関係を規定し、関係は構造を変える」と言えます。したがって、Ⅱ－１で述べた「家族の構造」の再編成にも、家と間取りによるアプローチは有効だと言えます。つまり、リフォームや増改築をすれば、家族の構造を変えられます。ただ、日本の住宅事情、とりわけ都市部のそれを考えると、物理的な家や間取りの変更には自ずと限界があるでしょう。

その場合は、部屋替えをしたり、本棚や飾り棚など家具を利用したりすることで、家族メンバーの動線を変えるやり方もあります。一例を挙げれば、かつて家裁調査官時代に、小6の男児とその母親の近親相姦的関係を解消するために、2人の間に薄いカーテンを吊るす→厚手のカーテンに変える→男児の本棚で間仕切りをつくる→男児を個室へ誘う、と徐々に2人の距離をとっていくやり方をとったことがあります。

間取図法の実施方法

さらに私は、家や間取りを非行少年に描いてもらい、その上で自分なりの間取りも考えてもらうというアプローチも試みています。実施方法は以下の通りです。

用具は2Bの鉛筆、消しゴム、A4判の白の画用紙

①現在の家の間取図（間取図A）を描いてもらう

用紙を横に置き、「あなたが今住んでいる家の間取りを描いてください」と教示する。間取りの意味がよく分からない子どもには、「あなたやご両親の部屋、居間、台所などがどこにあるのか分かりやすく描いてください」と補足して教示する。描画終了後、描かれた間取りについて、誰の部屋か、どのような用途で使うのか、部屋の大きさなどを確認する。

②新しい家の間取図（間取図B）を描いてもらう

用紙を横におき、「次に、あなたの家を新しく建て替えるとします。どのような家に住みたいと思いますか。その間取図を自由に描いてください」と教示する。描画終了後に確認することは間取図Aと同様。

間取図Aは家族のいない家族画とも言えます。非行少年の中には家族のメンバーを描くことに抵抗を示す者がいますが、家族のメンバーを描かない間取図は抵抗なく描いてもらうことができます。

間取図Aをフリーハンドで描いてもらうと、壁の線が強弱異なるタッチで描かれたり、各部屋の大きさが現実と違って描かれたりします。そうした点から家族の関係が読み取れます。ある少年は自分の部屋を現実の家に付け足したように描きました。

間取図Bのように「新しい間取り」を想定するということは、現在の家族構造、家族関係を新たな空間で枠付けるということです。すると、家族は新たな生活様式を獲得するか、現在の家族のあり方の意味付けを変えざるを得なくなります。まさに新しい「家作り」であり、家族構造の再構築につながります。

少年非行は家族構造、家族関係が大きな要因になっているので、新しい家と間取りを考えることには大きな意味があります。子どもに問題が起きたら、家族全員で新しい家と間取りを描いてみることをおすすめします。

少年事件への応用

非行が進んだ少年と家族の場合、援助者がその家族にいかにして関わっていけるかという、ジョイニング（joining）の過程が重要になります。

特に、家族メンバーが絡み合った家族や、更生の動機付けが困難な家族の場合、援助者・治療者のポジションを維持すること自体が非常に難しくなります。そのような家族と関わるときに、間取図を媒介にすると、援助者・治療者の適切なポジションが示唆されることがあります。

ある非行少年とその両親は家庭裁判所に対する不信感が著しく、試験観察における家裁調査官の関与を拒み続けました。そこで、家裁調査官は少年に「新しい家の間取り」を描いてもらったところ、少年は使途が決まっていない空白の一室がある間取図を描いたのです（図24）。少年によれば、その部屋は「誰かが来たときに使う部屋」だということでした。

家裁調査官は、その部屋を家裁調査官が少年の家族に関わるためのポジション（空間、場所）であると見立てました。そして、家庭裁判所の面接室の空間的構造を、少年が想定した間取図の部屋の位置関係に置き換えました。家族面接の構造を図25のように設定したのです。これによって家裁調査官は、この家族と関わっていくことに成功しました。

図24 ある非行少年の描いた「新しい家」の間取り（模写）

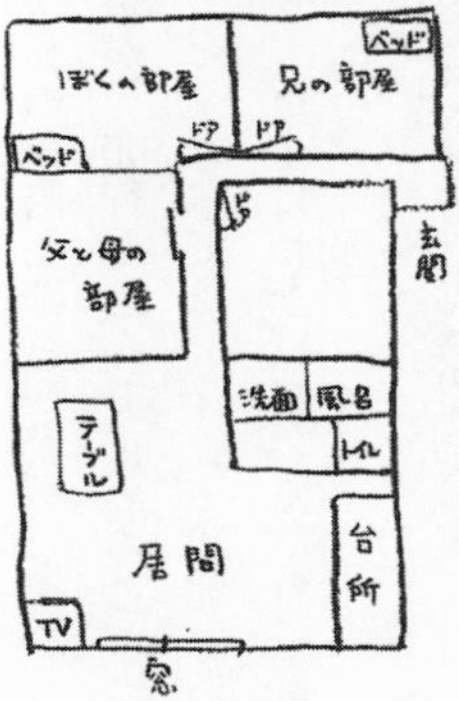

図25 少年の描いた「間取り」に基づいた面接室の空間構造

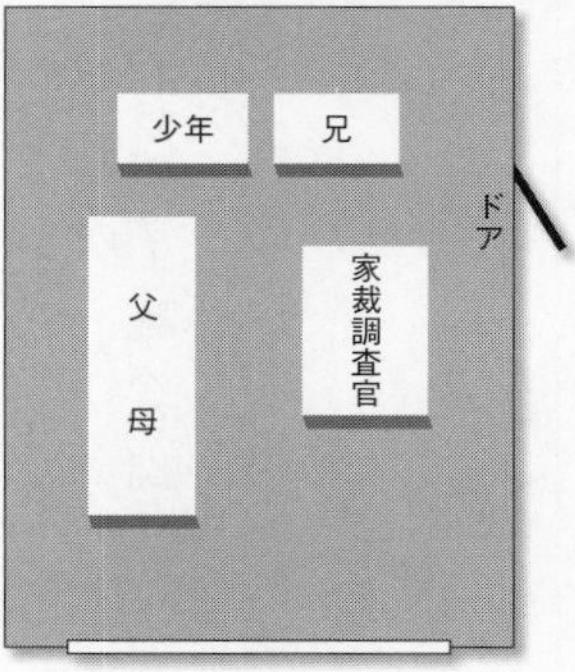

Ⅱ-3　法と臨床で治す――司法臨床

非行の予兆の段階や非行が軽微な場合は、Ⅱ-1、2のように家族で治すことも十分に可能ですが、非行が進んで止めることができないときには、法と臨床の関与が必要になってきます。本章では、非行・犯罪という問題行動に、法的作用と臨床的作用の両方を織りなして更生につなげていくプロセスを説明します。

法の作用による非行行動への介入

ある中学校のスクールカウンセラーは、非行の初発段階の少年と関わり、何とか少年の非行を食い止めようとしましたが、少年は無免許運転をやめず、暴走行為を繰り返すようになってしまいました。カウンセラーは、カウンセリングの基本である受容と共感だけでは対応できないと嘆きました。

非行少年は、内に抱える激しい攻撃性、不安、葛藤などから、精神に破綻をきたさないために非行という問題行動を起こしています。

非行少年の対応で困難なことの一つは、非行行動が繰り返されると、徐々に過激になってしまうことです。それゆえ、非行の行動化に対する阻止、禁止という介入が必要になります。その点、非行という問題行動はそれ自体が法の介入が可能な行為ですから、非行少年の行動化に対しては、法に基づく警告、保護、逮捕などの強制的措置の執行で対処することができます。

中学生集団によるホームレス殺害事件の少年の言い分

「町が汚いのは浮浪者がいるせいだ。俺たちはそれを掃除しているんだ。町の美化運動だ。あいつらは仕事もしないでゴロゴロしているだけだ。生きていたってしょうがないだろう。掃除は一人じゃたいへんだから、皆でつるんでやっているんだ」

少年たちの非行は集団性、共同性を帯びやすい傾向があります。ホームレスなど弱者に攻撃が向かうのが、現代の非行の特徴の一つです。また、最近の非行集団はアメーバのように絡み合ったり、ネットを通して24時間つながったりしていて、境界が曖昧であることも特徴です。

そのような集団性を帯び易い少年非行に対処するためには、法の強制力で非行仲間との関係を遮断したり、不良集団を解体したりすることが必要になります。

少年院送致に決定されたある少年の家裁調査官への供述

「審判で裁判官は、俺に少年院でしっかりと教育してもらって良い少年になるように、だってさ。俺は良い少年にしてほしいなんて思っていないぜ。万引きはスリルがあるし、ババアの巾着袋をひったくれば結構実入りがいいしさ。やめられないぜ」

非行少年が、問題行動を自ら改善しようとする意欲を初めから持つことはめったにありません。当然、彼らも困難さや息苦しさを潜ませていますが、それを自覚して援助を求めるのではなく、逆に過激な反抗や問題行動を繰り返すという態度を示しやすいのです。そのため、少年への援助関係がなかなか形成できなかったり、そもそも少年本人に関与すらできない場合も少なくありません。

その点、法はそうした非行少年に出頭を命令したり、更生に向けたプログラムの実行を強制したりすることができます。保護観察など在宅処遇に決定された少年が援助者の指導を受けに訪れるのは、指導を受けなければ再び家庭裁判所の審判に付されるという「法の威嚇」によるところが大きいのです。

以上のような阻止、禁止、威嚇、強制、命令という法的作用は、臨床やケースワークなどの援助関係の場においては、「権力的対応に過ぎない」とみなされることが多いのですが、犯罪・非行という問題行動への介入としては必要かつ有効な手段です。

臨床の作用――生身の少年へのアプローチ

ただし、法的アプローチを行うときには、同時に臨床の作用を欠かすことができません。法による阻止、禁止、強制には「罰」が背後にあるため、どんなに正義にかなった対処だとしても、それだけでは非行少年の更生にはつながりません。

臨床の作用を欠いたままでは、非行少年たちは法が示す規範、罰を背後にした強制に対して、反発や反抗を示したり、表面を取り繕って卑屈な態度をとったりするだけで、更生にはつながりにくく、かえって再犯に至ってしまうことが多くなります。そうした少年たちの反作用に対処するのが、臨床の機能です。法によって一旦断ち切られた少年の友人関係を修復したり、家族関係の歪みを調整するなど、人との関係へのアプローチに臨床の機能が発揮されます。

宮崎勤の人間としての声

宮崎勤による連続幼女誘拐殺人事件の判決理由をもとに、刑事裁判の場における人間理解に関して、芹沢俊介が次のような論評をしています（1997年4月15日「朝日新聞」）。「法の言葉は犯罪解釈の一定の型に収斂していくのみで、時代精神や社会構造との影響関係に踏み込んでいこうとする意欲をまったくといっていいほど欠いていた」「犯罪史的、存在論的な二つの仮説が交差する地点に浮かび上がってくるものこそがこの事件の本質を告げるはずだ」と指摘したうえで、「宮崎勤の一人の人間としての声を聞きたい」と結んでいます。裁判の過程で宮崎勤という人間の実体が見失われてしまったのではないか、一連の司法手続きでなぜ生身の人間が削ぎ落とされるのか、と指摘したのです。

刑事事件ではありませんが、私の家裁調査官時代の少年事件の経験では、供述調書や司法関係者、警察官、検察官の意見からイメージされる少年像と、実際に向き合ってみる少年の姿はかなり違っていました。処分が決まる家庭裁判所で、少年がよい子を演じても、そのような態度は演技だとすぐに分かります。少年事件では、犯罪事実をもとに描き出された少年と生身の少年のギャップをもとに、「なぜ、この子がこのような凶悪な事件を起こしたのか」という疑問を探り、少年が更生するための方策を見極めます。そのために、家裁調査官は、一連の司法過程で削ぎ落とされた少年の生身の部分をすくい上げる作業から出発するのです。

正義の女神テミスの目隠し

刑事裁判は刑事訴訟法にもとづいて行われ、検察官が被告人の犯罪行為を立証し刑罰を与えることを主張し、弁護人は極力刑罰が科せられないように応戦します。そうした双方のやり取りをもとに裁判官が有罪か無罪かを判断し、有罪であれば刑罰を下します。

刑事裁判の役割は、被告人の犯罪行為に焦点をあて、有罪無罪を判断し刑罰を決定することです。このような刑事裁判における行為主義は、保安処分（犯罪を行う危険性がある者の人格に踏み込んだ治療等をすること）による人権の侵害を防止するという法の原則に沿うものです。

ところがその結果、犯罪行為をなした加害者の「生身の人間」としての総体、さまざまな他者との関係及びそれに伴う感情や意味付けなどは削ぎ落とされてしまうことになります。加害者を司法の俎上に載せ、裁きの対象にするためには、加害者を法的部分に還元して「被告人」にしなければならないからです。

司法の象徴とされる「正義の女神テミスの目隠し」のように、刑事裁判では生身の人間としての加害者を視野に入れることはしません。刑事裁判で裁判官、検察官、弁護人が見ているのは、法で構成された「被告人」としての「悪」の一面に過ぎません。法曹三者が見ている諸部分を継ぎ足しても、総体としての「人」にはなりません。つまり、刑事裁判の場における「被告人」は、法によって切り取られた一部分であり、総体としての「生身の人間」ではないのです。

そのことが端的に示された裁判のケースを以下で見てみます。

光市母子殺害事件

> 1999年山口県光市で起きた元少年（26）の母子殺害事件の差し戻し控訴審（一、二審で無期懲役判決）の公判で、遺族の夫は、「弁護人が代わった途端に君の主張が大きく変わったことが、私を今最も苦しめています」と述べたうえで、「君の言葉は全く心に入ってこない」と意見陳述しました。それに対する被告人質問で元少年は、「（法廷では）モンスターのような僕を見ている。生身の僕を見てもらいたい」と応えました（2007年9月21日「朝日新聞」）。

光市母子殺害事件の法廷では、被害者遺族は血を吐くような苦しみが元少年に伝わっていないと感じ、元少年もモンスターのような自分が浮かび上がって生身の自分が見てもらえていないと感じ、双方共にあえいでいるようです。裁判では「人」と「人」との関わりがないからです。

そのため被害者遺族は、法廷で厳罰を訴えることでしか元少年に怒りや憎しみをぶつけることができません。結局、元少年は差し戻し控訴審判決で死刑とされ、2012年2月に最高裁判所は元少年の上告を棄却して、死刑判決が確定しました。

しかし、果たして遺族の苦しみはこの裁判で癒されるのでしょうか。

西鉄高速バスジャック事件

西鉄高速バスジャック事件で母親を少年に殺害された被害者遺族の塚本猪一郎さんは、次のように語っています。

「少年が死刑にされても、私の心はけっして癒されることはない。私が立ち直れるのは、少年が、本当に悪かった一生罪を償います、門前払いされてもすみませんでしたと言って、私があんたの気持ちは分かった、もういいと言えたときに、被害者としてようやく事件は終ることができるし、少年も立ち直ることができる。被害者が立ち直れるのは、少年が本当の意味で更生してくれることだ」（NHKスペシャル『〝バスジャック〟遭遇～被害者と家族の365日～』2001年5月6日放映）。

現行の刑事罰についてはさまざまな意見があり、今後も罪と罰の論議は続けなければなりませんが、刑事罰のレベルを超えて、加害者少年に峻烈な「贖罪」を求めた塚本さんの言葉には、強烈なメッセージ性があります。

司法の場では生身の人間としての感情や思いが削ぎ落とされてしまい、被害者は法廷で厳罰を訴えることでしか加害者に怒りや憎しみをぶつけることができません。司法に臨床の作用を導入することの重要性は、被害者と加害者の「総体としての生身の人間」を蘇らせることにあります。

もともと法の精神は、「人は独立した一個の人格として尊重されなければならない」という、人間に関する重要な概念を前提にしています。「一個の人格」とは、「総体としての人間」の意味と行き着くところは変わりません。このことがまさに、「法」と「臨床」が交差することによって生成する「司法臨床」の本質なのです。

司法臨床とは

私は、家裁調査官時代に少年事件、家事事件で法と臨床の協働によるアプローチを「司法臨床」と命名して実践してきました。

「司法臨床」とは、司法的機能と臨床的機能の交差領域に生成する問題解決機能によって、非行・犯罪を適切に解決することです。司法臨床の概念を図示すれば図26のようになります。

たとえば離婚、ＤＶ、虐待、扶養問題、遺産相続争いなど法に絡む家族の紛争や問題

図26 「司法臨床」の概念

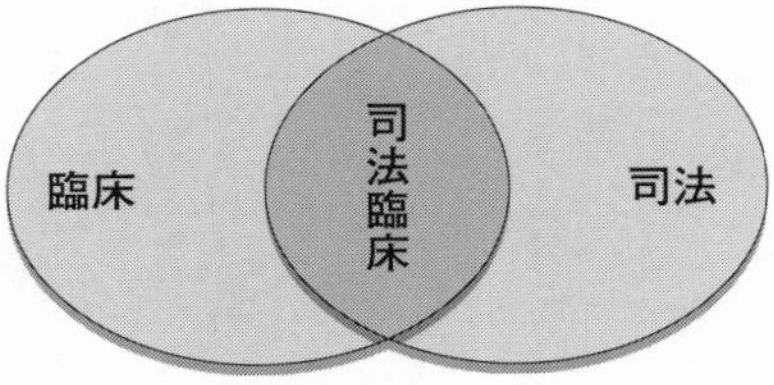

は、夫婦、親子、親族という家族関係の歪みによって起きます。それゆえ、そうした問題の本質的な解決のためには、法に焦点化したアプローチと、その水面下にある関係の歪みに対する臨床的アプローチを組み合わせる必要があります。

同様に、家族、学校、社会の歪みが非行や犯罪などの問題に表れているとするなら、その問題解決のためには、一連の司法手続きによるアプローチと同時に、家族や学校などの各システムの修復も求められます。

司法と臨床の両機能の協働は、それぞれのアプローチの効用に限界があることにもよります。少年事件であれば、法の強制力によって非行行動の阻止、更生に向けたプログラムの実行を命令することができます。家事事件では、養育費支払いなどを命じられます。しかし、人は法が示す命令や強制力に対して、意地になったり頑《かたく》なになったりすることがあります。家族の紛争には恨みや妬みという情念がつきまとい、そうした根深い感情が問題解決を困難にします。このような「人」や「人間関係」へのアプローチに、臨床の関与が必要になってくるのです。

真の責任性を付与する

では、司法臨床が具体的にどのような機能を発揮するのか。次の事例をご覧ください。

【事例】 F男（18歳）公務執行妨害事件

F男は、中学2年生時の初発非行以来さまざまな非行を繰り返して、保護観察、短期間の少年院入院などの保護処分を受けてきました。それでもいっこうに改善せず、少年院を仮退院中に無免許で自動車を運転し、交通取締中の警察官を振り切りパトカーに自動車を衝突させて逃走し、逮捕されて少年鑑別所に再度収容されました。

警察、検察庁、少年鑑別所の処遇意見は、18歳の少年に責任を自覚させるために検察官送致（少年事件が悪質、重大で刑事裁判を受けることが相当である場合、検察官に事件を送致して地方裁判所で裁判をすること）相当、とされていました。

それまでの少年調査記録をみると、F男が事件を起こすたびに、両親はF男をかばい続け、軽い処分にするように懇願して適切な対応を逃してきたことが窺えました。本件でも両親の態度はまったく変わらず、F男の現実から目をそむけているようでした。家裁調査官は、両親のF男に対する関わり方が変わらない限り、裁判官がF男をいくら法的に厳しい処分にしても処遇の効果は上がらないと考えました。

公務執行妨害事件の審判では、相変わらず両親が裁判官に軽い処分にするよう懇願するのをよそ目に、F男は上の空で何も自覚していないようでした。そこで、家裁調査官は、F男を試験観察（家裁調査官等が少年に関与をしたうえで最終処分を決める中間的処分）にする意見を述べました。

試験観察に決定されたF男は、案の定わずか1週間後にバイクを無免許運転し物損事故を起こしてしまいました。家裁調査官はすぐに、F男と両親を家庭裁判所に呼び出して、F男を少年鑑別所に再収容しました。

F男を鑑別所に送った後に、家裁調査官は両親と面接をして、試験観察開始から無免許運転までの1週間のF男の生活と両親の関わりを詳細に振り返ってもらいました。F男が深夜不良仲間と遊び続ける生活と、両親がそれをただ黙認するだけだった状態を直視させたのです。

最終審判では、家裁調査官はF男を長期少年院に送致する意見を述べました。裁判官に意見を求められた両親は、F男をしっかり見つめながら、「今日は、私たちがこの子を少年院に見送るために来ました」とはっきりと述べたのです。そのとき、F男は審判で初めて首を垂れてうなずきました。

少年が長期少年院に送致された後、両親はF男との面会を続け、今までの罪を償うように諭しました。F男は今までの処分ではみられなかったほど、矯正教育の効果があがったということです。

少年事件は罰を下すことが目的ではなく、少年がその事件をきっかけに立ち直ることができるように援助することが目的です。ただし、少年事件とはいえ犯罪であるかぎり、罪を不問に付すことはできません。本件で警察、検察庁などが18歳の少年に罪を自覚させ、その責任を明確にさせるために検察官送致が相当だとした意見も妥当です。

しかし、F男の事例にみられるように、裁判官がどれほど罪の重さを指摘し検察官送致などの決定を下したとしても、当の少年に責任を自覚する準備がなく、保護者がそれをないがしろにするような対応を続ける限り、いくら少年院に送致しても矯正教育の効果はあがらず、再犯は続くでしょう。

嗜癖症の患者とその家族では、患者が症状を治そうとする時に、家族が患者の苦しみを緩和させるかのような関わりを繰り返してしまうことがよくあります。そうすると、治療が無に帰してしまうのです。そのような患者と家族には、いわゆる〝底をつく体験〟が必要になります。患者に自分一人で今の状況を乗り切らざるを得ないという真の自覚を持たせることが、それを見守る家族に求められるのです。

同様にF男に責任を自覚させるには、検察官送致にして地方裁判所で裁判をするという法的な厳しい決定が必要でしたが、同時に臨床的にどのようにすれば少年に真の責任を付与することができるのかも考えなければなりません。それが「司法臨床」のやり方です。

なお、2022年の少年法改正によって、18、19歳の少年が事件を起こした場合、「特定少年」とされ、罰則が1年以上の懲役または禁錮にあたる罪（強盗や強制性交など）

の事件は原則検察官送致されることになりました。この特定少年に対する厳罰化についても、上記と同じことが言えます。

非行の行動化の阻止

非行臨床における困難性の一つとして、非行への対処（行動化の阻止）が挙げられます。教師や友人に対する暴力、器物の破壊などを繰り返して、それをやめないなどのケースがこれに当てはまります。

こうした場合、法的側面からは非行行動をやめさせる強制的指示が下され、臨床的側面からは少年が非行から立ち直ることができるように援助がなされます。これは、法と臨床による治療的二重拘束（therapeutic double bind）とも言えます。

非行少年は、不安、怯え、怒り、などさまざまな陰性感情を、非行という行動化によって紛らわし、非行行動によって陰性感情をさらに刺激するという悪循環に陥っています（図27）。そのような少年に対して、法的介入によって行動化の禁止・阻止をするのです（図28）。

すると、行動を禁止された少年は、治療者に陰性感情を向けてきます。ここで治療者

図27　問題行動が繰り返される悪循環

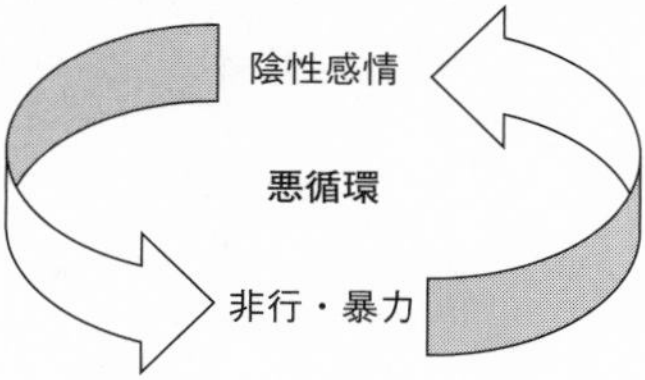

図28　悪循環を断ち切る機能としての法的介入

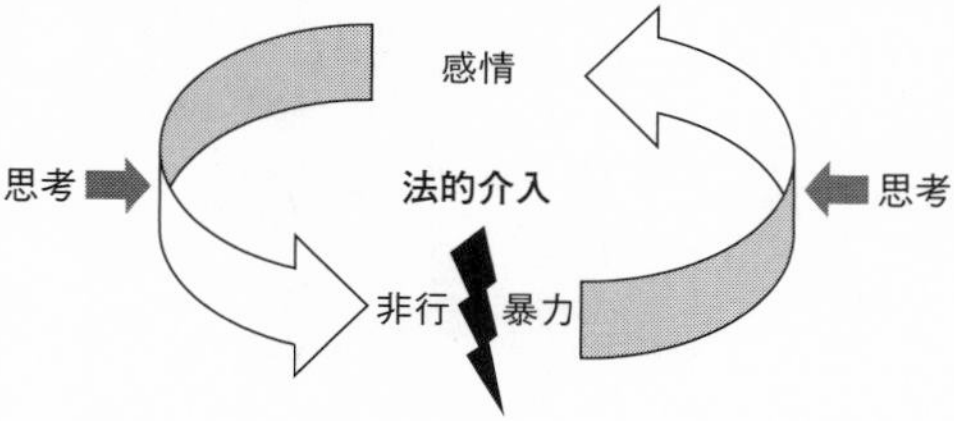

に要求されるのが、少年の感情を読み取りながら言葉に置き換えて、少年にフィードバックしていくことです。思考（言葉）を介在させることで陰性感情を中和し、行動を制御していくのです。

少年は、徐々に拙いながらも自らの言葉に託して、澱のように溜まった感情を吐き出し始めます。治療者は少年の言葉による表出を促しつつ、言葉と感情を真剣に受け止めながら、少年の否定的言葉を徐々に適切な言葉に調整していきます。

以上のような、非行に対する法と臨床のアプローチについて、学校現場を想定して、段階ごとにまとめてみました。

第1段階　非行、暴力行為の行動化の阻止（法的アプローチ）

たとえば次のような対応です。激しく暴れる生徒を別室に移す。出席停止や停学の措置をとる。同級生や教師に暴行、傷害を起こした場合、警察に通報する。このような方法によって、暴れる少年の行動を法的介入によって阻止します。

第2段階　感情への焦点化（臨床的アプローチ）

少年のネガティブな行動を禁止し阻止すると、ネガティブな感情が増幅して表現されてきます。そこにはさまざまな思いや意味が込められています。

表面的には、行動を禁止した者に対する、怒り、憎しみ、が示されますが、そこに、孤独感から来る悲しみ、寂しさも付随しています。さらには、ネガティブな行動を阻止してもらったという安堵感、安心感さえも読み取ることができます。

こうした少年の感情に込められた幾重もの意味を読み取り、それを言語的、非言語的にフィードバックしていくのです。このように感情に焦点化するだけで、徐々に怒りを発していた少年の気持ちが落ち着き、変化してきます。

第3段階　再行動化の牽制（法的アプローチ）

非行性の進んだ少年ほど、良好な治療関係が形成されつつある段階で、治療者との関係性を確認するかのように再非行を犯してしまうことが多いのです。それは少年の「こんな俺でも見捨てないか」という再確認のメッセージなのです。

それに対処するためには、少年をしっかりとホールディング（holding）しながら、絶対に見捨てないことを伝えます。それと同時に、再非行を起こすと治療関係にかかわらず、法によって逮捕などの処分が下されるという結末を明示しておくことです。

第4段階　言葉の受容（臨床的アプローチ）

少年の感情を読み取りフィードバックしていくと、少年は少しずつ言葉を投げ返してくるようになります。当初は攻撃的な言葉や過激な言葉かもしれませんが、感情を言語化すること自体に意味があります。ネガティブな気持ちを非行という行動でしか表現できなかった少年が、言葉で表現したからです。その少年の言葉を受け止め、感情の機微に沿いながら、過激な言葉や汚い言葉を徐々に修正したり置き換えたりして、少年の言葉（思考）を育て増やしていくようにするのです。

以上のように、陰性感情と暴力行為や非行の悪循環を法的作用で阻止し、感情の中和と行動制御のための思考を臨床的に織りなしていくことが、司法臨床の要点です。

Ⅱ－4　学校と家庭裁判所で治す――関係機関のアプローチ

中学生や高校生が非行を起こした場合、警察の取り調べから始まり、検察庁を経て、家庭裁判所で調査と審判が行われ（事件によっては少年鑑別所で心身鑑別をして）、処分が決定されます。

少年事件が家庭裁判所に送致されて以降は司法の壁が高く、教師やスクールカウンセラーは家庭裁判所でどのような手続きがなされているのか分かりません。また、少年にどのように関与したらよいのかも、ほとんど知られていません。

そこで本章においては、少年事件が起きた場合の、中学校と家庭裁判所の具体的な連携の方法について説明します。

中学校と家庭裁判所の連携の現状

中学生が非行を起こしたときには、学校と家庭裁判所との連携が必要になります。ところが、この連携が適切に行われているとは言えません。個人情報保護法の施行以来、家庭裁判所による学校照会書の回答すら拒否する中学校もあるということです。また、学校教員の年齢構成の影響で、家庭裁判所における少年事件の手続きのプロセスや、家裁調査官の役割をほとんど知らない教員もいます。そのため、家庭裁判所に対して警察のような役割を期待し、力による抑えつけと厳罰だけを求めるところもあります。

一方、中学校教師側は、家裁調査官に対して辛辣な意見を持っています。最近の家裁調査官は書面で少年の情報を一方的に収集するだけで、学校側の要望をほとんど聞いてくれない。調査の内容や審判結果の理由を知らせてくれないので、審判後に学校に復帰した生徒の指導が適切に行えない。まだ警察のほうが親身に対応してくれる。生徒の非行の解決のために家庭裁判所に期待などしていない。そんな嘆きの声があふれています。

あるベテランの生徒指導担当教師は、この数十年間の家裁調査官の変化について次のように語っていました。

以前の家裁調査官は頻繁に中学校を訪問してくれた。担任、生徒指導、校長との面談だけでなく、学校での少年の様子もよく見てくれた。少年に関わろうとする熱意や情熱があった。家裁調査官が学校を訪問してくれるだけで、少年本人のみならず、中学校が少年を指導するうえでも好影響があった。しかし、最近の家裁調査官はただの裁判所のお役人のような感じがする、と。

さらに、家庭裁判所という組織については、裁判所が〝開かれた司法〟を掲げているにもかかわらず、相変わらず〝閉ざされたままの司法〟であり、他機関との緊密な協力関係を拒んでいるようにさえ感じる、と評しました。

学校と家庭裁判所の基本的枠組み

このような声を聞くと家裁調査官OBとしてやりきれなくなってしまいますが、学校と家庭裁判所ではそもそも役割が違います。その認識が相互に徹底されていないことが連携の不全の原因になっているように感じます。

家庭裁判所は司法機関であり、基本的には少年の非行に対する処分（処遇）の決定機関です。少年とその非行に焦点をあてて、非行の事案の軽重を判断し、少年の更生の方法を検討します。

一方、教育機関としての学校は、非行少年だけではなく、少年の行為が及ぼす学校や学級、他生徒への悪影響も重視します。学校教育の場を安定させるための予防に力を尽くすのが普通です。

図式的にいえば、家庭裁判所は基本的に少年個人の問題として、中学校は学校全体の問題として、少年の非行を捉えていると言えるでしょう。もちろん、実務的には一概にそのように割り切ることはできませんが、両者の基本的な枠組みの違いは、少年の非行に第一線で携わる家裁調査官と教師の連携のプロセスにおいて、さまざまな齟齬をもたらすことになります。

少年事件の適切な連携のためには、司法と教育それぞれの制度や組織上の改編が必要になるのですが、学校現場で日々問題のある生徒たちと向き合っている教師たちは、その変化を悠長に待っていられる状態ではありません。

家庭裁判所及び家裁調査官のこのような現状を踏まえたうえで、教師やスクールカウンセラーがすぐに実践できる連携の工夫やコツを、以下に具体的に提示してみたいと思います。

最初に家庭裁判所における少年事件の手続きを説明します。それは、学校が家庭裁判所と連携するための糸口になるものだからです。

少年事件のプロセス

少年が事件を起こした場合、14歳未満の少年は「触法少年」として児童相談所に送られて福祉的指導がなされます。重大な事件など事案によっては家庭裁判所に送致されることもあります。

14歳以上の少年の事件は家庭裁判所に送られますが、ここで事件によって手続きが大きく2つのパターンに分かれます。

重大事件では、少年の身柄を拘束したまま家庭裁判所に事件が送致され、少年は心身鑑別のため最大4週間（証拠調べが必要な事件は8週間まで延長）少年鑑別所に入所することになります。これを「身柄付事件」といいます。

身柄付事件は、実務上約3週間程度で、家裁調査官が少年、保護者、中学校等のすべての調査を行い、裁判官に処遇意見を提出して少年審判に臨みます。このように極めて短期集中的に調査がなされることが身柄付事件の特徴ですが、これは少年事件全体のごくわずかです。

それ以外の事件は「在宅事件」といって、少年を一旦自宅等に戻してから警察等が取り調べを行い、作成された事件の記録だけが家庭裁判所に送られます。在宅事件では、少年と保護者を家庭裁判所に呼び出して家裁調査官が面接調査を行います。そして中学校に学校照会書を送付し、必要に応じて担任教師や生徒指導教師にも面接調査をします。調査期間が定められていないので、どうしても身柄付事件の処理が優先されることになるため、在宅事件は事件発生から家裁調査官の調査までタイムラグが生じがちです。

ごく少数の重大事件以外は、一つの事件を一人の家裁調査官が担当し、少年と保護者だけでなく、中学校などすべての関係機関との連絡や調査を行い、処遇意見を提出し審判に臨みます。したがって、家庭裁判所と連携するときは、まずその事件を担当する家裁調査官にアプローチすることがポイントになります。

ここまで述べたことを踏まえて、中学生の少年事件のほとんどを占める在宅事件と、緊急の対応が要請される身柄付事件に分けて、どのようにすれば適切な連携が実現できるのかシミュレーションしていきます。

在宅事件の場合

中学校内の不良グループのリーダー的少年（中3）が、グループの下級生を誘ってスーパーで洋服を万引きし、窃盗事件として家庭裁判所に送致されました。

中学校は、事件後数週間経ってようやく郵送されてきた家庭裁判所の学校照会書に、少年の1、2年生時からの校内規則違反、問題行動を詳細に記したうえで、少年のために学校全体の風紀が乱れ、不良化する生徒が続発している窮状を次のように訴えました。

「少年に指導を繰り返してきたが効果がない。少年はすでに教師を甘くみているが、家庭裁判所を怖れている。この機会に、家庭裁判所の力で少年を抑え込めば、教師が不良グループを指導することができる。できれば少年を短期間でも施設に収容するか、それが無理でも少年が卒業するまでの1年間、家裁調査官が少年を継続的に指導してほしい」

学校は、校長による上申書を添えて家庭裁判所に提出しました。

それでも家庭裁判所は動かない

家庭裁判所は、そのような学校の現状を理解して、少年の調査に臨むでしょう。それでも、家裁調査官が少年と保護者に対して1、2回程度の調査で助言や指導をして、審判不開始（審判を開かずに家裁調査官の調査と指導で終局する措置）にするか、審判で裁判官が注意をして不処分決定(少年院送致や保護観察などの保護処分にしない決定)にするか、どちらかになることでしょう。この程度の非行では少年院などの施設収容はあり得ないし、他に特段の事情がなければ保護観察の決定もなされません。結局、中学校の要請はほとんど受け入れられず、中学校は「家庭裁判所は何もしてくれない」と落胆し、少年は「家庭裁判所に呼ばれてもたいしたことはない。俺たちは少年法に守られている」などとうそぶくことになってしまうのです。

このケースで、家裁調査官が1、2回程度の調査で審判不開始の意見を提出したり、裁判官が不処分の決定をしたりすることになるのは、送致された事件が万引きで被害弁償がなされていること、初回係属であることが主な理由になります。少年が教師の指導に従わないことや、教師が中学校内の不良グループの指導を強化するためといった理由で少年を保護観察に付したり、ましてや少年院に収容することなどできません。

それでは、このような場合学校はどのように対処すればよいのでしょうか。家裁調査官への具体的なアプローチについて説明します。

在宅事件では学校からの積極的アプローチが必要

中学生による少年事件のほとんどは在宅事件であり、その件数もかなり多くなります。そうした実情からすれば、連携のためには主に中学校側から家庭裁判所に積極的な働きかけをしなければなりません。端的に言えば、中学校からのアプローチがないと家庭裁判所の動きはにぶくなる、ということです。

アプローチ① 家庭裁判所と連携するまでに

在宅事件の連携でネックになるのは、既述のように事件の発生から家裁調査官が事件に着手するまでにタイムラグが生じることですが、在宅事件の連携のポイントはこのタイムラグを活かすことなのです。

まず、少年が事件を起こして警察で取り調べを受けた場合、学校は少年と保護者を同席させて、これからの家庭裁判所の手続きを次のように説明してあげてください。

・「警察の取り調べを受けて、君が罪を犯したことが明らかになれば、大人と違って少年の事件は万引きでも必ず家庭裁判所に送致されます」（これを、少年事件の「全件

送致主義」と言います）

・「しばらくしてから、君と親御さんは家裁調査官から呼び出されて、事件のこと（「非行事実」と言います）だけでなく、事件後の家庭や学校での生活や様子（「要保護性」と言います）を詳しく聞かれることになります。君が事件を反省してどのように生活をしているか、ということが処分を決めるために重要になるからです」（処分決定の方法の説明）

・「君の学校での様子については、先生が家裁調査官と会ったときに、ありのままに答えなければなりません。それは君の改善してほしい点だけでなく、良い面やがんばっていることも、家裁調査官に分かってもらうために、です」（家裁調査官の調査の説明）

・「だから、君が家庭裁判所に呼ばれるまでに、家庭と学校での生活を立て直してほしい。どんなに小さなことでもいいから今日からできる、家庭と学校での約束事を決めてほしい。それをやり遂げることができれば、先生は家裁調査官に厳しい処分にしないようお願いしたいと思います」（小目標の設定）

どのような少年であれ、家庭裁判所に呼ばれることは不安です。そのときに、教師やスクールカウンセラーが上記のように家庭裁判所について分かり易く説明をして、少年を支えようとすることは、少年の学校に対する信頼感の回復につながります。家庭裁判所を単なる脅しに使うことは逆効果になりかねません。

また、達成可能な小目標を課すことは、禁止事項をいくつも定めるより少年の行動化の抑制になります。教師とスクールカウンセラーは、それを成し遂げるための援助をしてください。

なお、少年非行の場合、学校の情報を家庭裁判所に伝えることは、個人情報保護法に抵触しないことが文科省の運用指針として明記されています。ただし、家庭裁判所からは、学校照会書の取扱いについて少年や保護者に守秘するように要請されています。

アプローチ②　求められるコミュニケーション力

家庭裁判所から送られた学校照会書に記載したら、郵送ではなく直接、家裁調査官に手渡して、併せて家裁調査官と面会をすることがポイントになります。

どんなに事件に追われている家裁調査官でも、教師が家庭裁判所まで足を運び、学校照会書を持参してくれれば、無下に面会を拒むことはありません。このようにして、事件の担当家裁調査官と教師が互いに直接向き合うことができれば、連携の半分が達成されたようなものです。

次に求められるのが、教師のコミュニケーション力です。学校照会書の内容とともに、学校はどのように困っているのか、家庭裁判所のどのような協力が必要なのか、できるだけ具体的に家裁調査官の面前で伝えてください。教師が真剣に伝えようとする熱意は、照会書や上申書に理路整然とまとめられた書面より家裁調査官の心を動かすはずです。もとより連携とは生身の少年を共に抱えることであって、書面で少年の情報をやり取りすることではないからです。

家裁調査官が中学校に出向いて教師らに直接会うということは、本来、家裁調査官にも求められることですが、彼らは事件処理で多忙を極めており、なかなか出来ません。そのような状況にある家裁調査官を、教師が学校に連れ出してください。

ある生徒指導教師は、家庭裁判所を訪問するたびに、必ず家裁調査官を中学校に連れて行っていました。少年たちの落書き、校内での溜まり場、吸殻、割られたガラス窓だけでなく、少年の稚拙な習字、教室の隅に置かれた机なども見てもらい、少年の様子をよりリアルに伝えていました。

すでに述べたように、教育の場である学校と司法の場である家庭裁判所では、基本的な役割が異なります。それだけに、教育者としての教師と司法臨床家としての家裁調査官とのコミュニケーションは非常に重要です。その仲介役になりうるのが、教育現場をよく知りしかも心理臨床家であるスクールカウンセラーです。家裁調査官が学校を訪問したときは、心理臨床の観点から学校や家庭における少年の状態をスクールカウンセラーが説明すると効果的です。

アプローチ③　合同面接の提案

このように、教師が家庭裁判所で家裁調査官と向き合い、家裁調査官は中学校を訪問して、生身の少年を理解していきます。すると、家裁調査官は事件の軽重や書面上の情報や簡単な面接だけで事件を〝処理〟できなくなるものです。教師によい意味で動かされていきます。

次のポイントは、少年と保護者が家裁調査官の調査に呼ばれたとき、教師も同伴して家庭裁判所に行くことです。通常、家裁調査官は、少年と保護者の面接、教師との面接を別々にセットしますが、少年と保護者と教師を交えた合同面接の実施を提案してみましょう。

合同面接の場では、家裁調査官が教師に最近の少年の様子を確認します。そのとき事件直後に学校と少年が交わした小目標の達成を取り上げると、とても効果的です。教師は、少年の問題点をあげつらうのではなく、どんなに些細なことでもよいので、改善点やがんばった点などを、家裁調査官に述べてください。ほめられた経験がほとんどない非行少年にとって、教師が家庭裁判所で自分の良いところを述べてくれるだけで励みになり、それが更生の灯となるのです。

小目標が達成されるなど少年に良好な改善がみられる場合、家裁調査官はその点を取り上げて、今後の少年の指導を学校とスクールカウンセラー等に委ねて事件を終局する、という見通しを伝えることができます。

少年の状態がほとんど改善されず不安定な状態が続いている場合は、合同面接の場で少年のために今後どのような手立てが必要になるかについて話し合ったうえで、さらに審判までに達成すべき目標を具体的に示しておくことが重要になります。

軽微な事件の場合、余程の事情がない限り、少年の処分は審判不開始か不処分で早めに終局することになります。家庭裁判所に係属していた緊張状態が解けると、少年が元の状態に戻ってしまうことがあります。そこで、少年のその後の状態を家裁調査官に報告する準備をして、少年との緊張状態を維持することも効果的です。

身柄付事件では緊急の対応を

中学生が逮捕されて少年鑑別所に収容される身柄付事件の件数はそれほど多くありませんが、それだけに事件は重大です。そのうえ、実務上約3週間以内に家庭裁判所の調査と審判が行われるため、家庭裁判所から中学校へ緊急のアプローチがなされます。中学校はそれに対処するための体制を整えたうえで、家庭裁判所と連携をとる必要があります。

対応①「緊急対策チーム」の立ち上げ

まず、学校に要請されることは、学校長以下、学年主任、生徒指導、担任、スクールカウンセラーなど、少年に関与する全教職員で「緊急対策チーム」を立ち上げることです。

多様なスタッフをまとめたチームを作るのは、学校の対応を一元化するためです。重大事件の場合、往々にして学校管理を重視した管理職サイドの意見が強調されやすいですが、それより重要なのは、少年と日々接している担任や部活顧問など、少年の立場を理解できる教師やスクールカウンセラーの視点です。

さまざまな観点からの教師の意見を家裁調査官に伝えてください。家裁調査官はその情報をもとに、生身の少年を理解して処遇意見に反映することができます。

対応②　少年鑑別所での少年との面会

学校の教師であれば、少年鑑別所に入所中の少年との面会が可能なので（通常3名まで）、必ず少年に面会に行ってください。高校受験を控えた中学生であれば、教科書や参考書を差し入れることもできます。学校の非常勤として正式に雇用されているスクールカウンセラーは、学校長からの指示を受けて少年と面会をしてください。

少年鑑別所で生活中の少年たちが、とても穏やかな表情になり、わずか1、2週間でふっくらとしてくることに驚くかも知れません。その様子から、逆に少年たちの家庭や学校での日常生活がいかにストレスにあふれたものであるかも分かります。面会時間は短いですが、落ち着いた様子で話すことができる少年と向き合うだけでも、少年と教師との関係の修復につながります。

対応③　少年審判に向けて

家庭裁判所（裁判官）は、事案の重大性、被害者の感情、被害の回復などの法的観点と、少年鑑別所の心身鑑別結果、家裁調査官の調査による少年の更生の方法、家庭の状況、そして中学校の意向などを総合的に判断して少年の処分を決定します。

特に中学生の場合、家庭裁判所と学校の意向が食い違うことのないように、家裁調査官が審判までに調整をはかります。家庭裁判所が少年を自宅に戻す決定をしても、当の中学校が少年を受け入れる準備をしていなければ少年は宙に浮いてしまい、再非行を起こすことは目にみえているからです。

その際、中学校として今後の少年についての心配や危惧があれば、家裁調査官に率直に伝えたうえで、事前に少年の処分を踏まえた対応を準備してください。

対応④　審判廷での連携

審判における中学校の対応については、次の2つの場合が考えられます。少年を不処分や保護観察で自宅に戻して中学校に復帰させる場合と、少年院などの施設に送致する場合です。

少年が中学校に復帰することが予想される場合は、中学校は必ず審判に出席して、少年が家庭と中学校に戻るために特に心がけてほしいことを具体的に述べ、審判の場で裁判官から少年に約束させてもらうことが効果的です。

少年院送致が予想されるときは、家裁調査官が審判前に少年に対して少年院送致の可能性が高いことを伝え、審判で不用意な混乱を起こさせないように配慮しています。

その際の中学校の対応としては、少年に事件について十分に反省し、生活を立て直してほしい、と簡潔に率直に伝えることです。少年に帰宅できるような期待をもたせることは少年院送致の動機付けにならず、望ましくありません。

対応⑤　試験観察による連携

家庭裁判所と中学校の連携で最も効果を発揮するのが「試験観察」という中間的決定です。必要があれば、学校長が家庭裁判所に出向いてでも、上申する価値はあります。

試験観察とは少年法25条に規定されているもので、終局処分を保留して家裁調査官が一定期間少年を指導し、その経過を踏まえて処分を決定するという措置です。他の処分決定と異なり、試験観察中の少年の行動が直接処分に影響するため効果が大きいのです。

少年が中学生の場合、当然中学校の協力が要請されます。数ヵ月間の連携が可能になるので、家裁調査官と中学校が個々の少年の動向に対応しながらきめ細かな指導を行うことができます。

たとえば、今まで中学校との関係が悪く怠学傾向のある少年に対して、家庭裁判所があえて厳しく少年に接し、中学校がその少年を擁護するように対応するという連携が可能になります。その結果、少年は今まで関係が悪かった中学校に対して、自分を守ってくれる存在であると認識し、中学校を自分の「居場所」にすることができるようにもなります。

試験観察の期間は特に定められてはいませんが、最近の家庭裁判所の実務では4ヵ月程度が多いようです。それだけに、中学校卒業までに数ヵ月間しかない場合は、短期集中的にアプローチするなど、ケースに応じた運用が望まれます。

対応⑥　少年院送致された場合

少年が少年院送致された場合、できるだけ多くの教師が少年に面会に行ってください。

M中学校は、少年鑑別所にも少年院にも教師の面会がほとんどありませんでした。その少年は少年院を仮退院後ほどなくして再非行を犯しました。一方、N中学校は、担任、生徒指導、校長など何人もの教師が面会に訪れました。その少年は仮退院後、真っ先に中学校に挨拶に行き、その後順調に更生に向かいました。

このM中学校とN中学校の例が示すのは、緊密な関わりの中での「罰」は少年を更生に導くための「試練」となりうるが、関わりのない一方的な「罰」は少年をさらに歪ませてしまう、ということです。

実践を積み重ねていこう

さまざまな生徒とその家族に対応している現場教師は逼迫した状況にあり、もはや個々の教師も援助の対象者であるとさえ言えます。個々の教師だけで問題を抱える少年とその家族に対応することは困難で、下手をすれば共倒れになりかねません。だからこそ、まず教師同士が協働してください。

家庭裁判所との連携を失敗しやすい学校では、少年が家庭裁判所に係属すると、少年の指導を家庭裁判所に引き継いで済まそうとする傾向があります。家庭裁判所の権威を利用して学校内で少年を指導するときはもとより、少年を施設に収容した場合でも、教師はそれ以前より少年との関わりを緊密にしなければなりません。そうした学校の包容力がなければ、家庭裁判所の対応や処分が単なる権力的な脅しや威嚇にしかならないからです。

中学校と家庭裁判所の連携のみならず、児童相談所や養護施設など、さまざまな機関同士の連携も必要ですが、実際にはなかなか効力が伴いません。第一線で子どもと家族に関わる人たちが、一つひとつの実践を積み重ね、その成果を共有していくことが重要です。

「連携」から「協働」へ

中学校と家庭裁判所との連携に限らず、各関係機関の連携における問題や課題を付記しておきます。

①機関と機関における、いわゆる〝丸投げ〟と〝丸抱え〟の問題
「連携」と言いながら、そのほとんどが機関から機関への一方向な流れに終始しているだけで、しかもその機関内だけで自己完結させており、双方向なフィードバックがなされない。

②スタッフ間だけの連携
その状態であっても、たまたま経験や力量のあるスタッフが双方でケースを担当した場合、それぞれの熱意と技量でケースを適切に共有することができる。しかし、それぞれの機関に制度上の違いがある限り、個々のスタッフの対応だけでは限界がある。また、若手スタッフや経験のないスタッフ間では実行が困難になる。

③関係機関におけるケースの共有化
機関同士の「連携」で重要なことは、協働（コラボレーション）と称される機関間の援助システムの確立である。

「協働（コラボレーション）」とは、各機関における異なる立場にある者同士が、共通の目標に向かって、限られた期間内にお互いの人的・物的資源を活用して、直面する問題の解決に寄与することです。

そのための要件としては、お互いの機関を十分に知ることと、解決すべき問題に応じてそれぞれの機関が大なり小なり自己変革する覚悟、が必要になります。

Ⅱ-5 権威と権力で治す――アンコモン・アプローチ

いかなる理論や技法であれ、それを適用するシステムが考慮されなければ実践には応用できません。著名な家族療法家であるヘイリー（Haley, J.）は、「最も有効なことは、その専門家が所属するシステムの特性を最大限に活用することである」と述べています（1988年3月大阪市で開催されたヘイリーのワークショップ）。犯罪者や非行少年へのアプローチでも、司法システムの特性を最大限に活用することが求められます。

たとえば、非行少年の更生のために創設された家庭裁判所には、司法的機能に加えて臨床的機能が付与されています。しかしながら、司法的機能と臨床的機能の両面は統合することが困難だとして、制度の限界や制約が指摘されてきました。司法の権威や権力、それに伴う禁止、命令、強制などは、臨床サイドではあまり受け入れられません。

「犯罪」とは、法によって刑罰が規定された違法行為です。逆に言えば、刑罰が規定されていない行為は犯罪ではありません。この同語反復的な定義は、「犯罪」という概念自体が法によって立ち上がるという自明性を示すものです。犯罪・非行と司法を切り離すことはできません。

したがって、犯罪・非行へのアプローチは、法的な権威・権力の関係を前提にした関与になります。犯罪に対する初期介入では、国家権力に基づいた警察・検察の捜査が行われます。裁判所に送致後は「裁く者と裁かれる者」という明確な法的支配関係が形成されます。有罪となれば成人の犯罪者には罪に応じた刑罰が下されます。

刑務所など矯正施設では、自由を制限されたうえで禁錮、懲役などの制裁を受けます。2022年の刑法改正で拘禁刑が創設されましたが、刑務所での受刑者の更生を目的としていても、基本的には犯罪者に対する隔離、応報であることは変わりません。出所後の社会内処遇としての保護観察も、法的強制力を伴った援助関係です。このように、一連の司法過程には法的権威・権力が付随しているわけです。

そうであれば、ヘイリーが言うように、法の権威や権力などの機能をいかにして臨床的に展開できるかが重要になります。フォーレン（Foren, R.）らは、権威・権力の使用こそ犯罪者・非行少年のケースワーク臨床における本質的なアプローチだと言い切っています（Foren, R. & Bailey, R. 1968／『ケースワークと権威』宗内敦編訳、学苑社 1982）。

権威（authority）と権力（power）

精神科医のなだいなだは、権威（authority）と権力（power）の違いを、「いうことをきく原理」が権威であり、「いうことをきかせる原理」が権力であると明解に説明していま す（なだいなだ『権威と権力』岩波新書 1974）。つまり、権威については、その指示に従う者の自発性や主体性が表れ、権力については、指示をする者の威嚇や強制的な側面が強調されています。

ところが、「いうことをきく」ことであれ「いうことをきかせる」ことであれ、結局は権威や権力を持つ者が相手との関係において主導権をとり、指示に従うように規定しているという機能は同じです。ヘイリーは、「指示をするということは、相手との関係においてその支配権を握ることに他ならない」（Haley, J. 1984／『戦略的心理療法の展開』高石昇、横田恵子訳、星和書店 1988）と率直に述べています。

権威や権力を関係性の観点からみれば、権威や権力を持つということは、指示を与える者が相手との関係において上位の位置を獲得することであると言えます。

犯罪者の法的権威・権力の認識

「多くの犯罪者は〝権威の問題〟をもっているがゆえに、まさに犯罪者である」（Foren, R. & Bailey, R. 前掲書）と言われています。〝権威の問題〟とは、犯罪者の法的権威・権力に対する認識です。犯罪者は、司法には罰する力（権力）だけでなく、援助する力（権威）もあることを知りません。犯罪という問題を解決するということは、犯罪者を取り巻く家族、学校、社会的状況を踏まえたうえで、彼らに法的権威・権力による指示に従うことができるように援助する、ということになります。

図式的に表現すれば、更生とは、非行・犯罪者に対して、法が犯罪をやめるように指示をして、その指示に従わせることです。ところが、法の機能には、社会的ルールを維持するための罰が伴うために、犯罪者にとっては、法は自分を服従させる権力そのものだと認識されやすいのです。法によって支配される犯罪者が法に権威・権力のポジティブな面を見出さない限り、それは自分を屈服させるだけの権力に留まってしまいます。

権力だけでコントロールしようとすればするほど、犯罪者はその支配から逃れようとします。権力から逸脱し犯罪を繰り返すという悪循環が続いてしまいます。そこで、犯罪者による法の権威・権力に対するネガティブな認識を、ポジティブにリフレイミング

（意味付け）していくことが必要になります。

非行少年の認識

権威や権力とはそれを受け止める者の認識に規定されていることを指摘しましたが、それでは非行少年たちは家庭裁判所や家裁調査官をどのように見ているのでしょうか。次の文はいずれも初回係属した少年たちが、家庭裁判所と家裁調査官に対する感想を書いてくれたものです（文意を変えず再構成しました）。

家庭裁判所からはがきが来た時ぞっとした。家裁調査官の人はどんな人だろうなと思い、こわい人でなければいいなと思った。家裁調査官の人に質問されたけどあがってしまって何も言えなかった。それでも家裁調査官の人はやさしくて、その後は何でも素直に話すことができた（中2男）。

原付バイクの無免許で家庭裁判所へ行った。どんな人に調べられるのかと不安になり足がふるえた。でも行ってみると裁判所って感じのいい人ばかりいたような気がした。

家裁調査官は「君がバイクを好きだということは少しも悪いことではない」と言ってくれた。その言葉がとてもうれしかったです（高1男）。

私は家庭裁判所に行くまでとても不安でした。家裁調査官はとてもやさしそうな人でしたが、やはり緊張してしまいました。他人の物を盗んだことに対しては厳しく注意をされたし、怖さを感じました。家庭裁判所には二度と行きたくないのでもう悪いことはしません（高1女）。

これらの文を書いた少年たちは、いずれも初回係属で非行性も極めて浅い段階にとどまっています。家庭裁判所や家裁調査官に対して、不安、緊張、恐怖という感情を抱きながらも、一方で、優しさや受容されたという気持ちを表現しています。そして、家庭裁判所には二度と行きたくないとも言っています。こうした少年たちは、法的権威・権力の2つの面をしっかりと認識しています。

それゆえ、非行性の浅い少年は、裁判官や家裁調査官の「悪いことはやめなさい」という指示に素直に従います。短期間に集中的なアプローチをすれば、権力的な命令も有効な力となり得ます。法的権力を前面に出して指示をした場合には、その影響力を日常生活で少年を直接指導する親や教師などにできるだけ早く譲るようにすることが肝要です。ところが、累犯少年など非行性が根深い少年に対しては、このような直接的な指示は通用しません。それは彼らの法的権威・権力に対する認識がネガティブだからです。

精神科医の指示の仕方

権威の有効な使用の仕方を、精神科医の例で紹介します。

患者はアルコール依存症の夫。その妻は、夫に何度も酒をやめるように言い、親や会社の上司からも意見をしてもらった。しかし、夫は酒をやめようとはせず、内科医からこれ以上酒を飲んだら死ぬぞと脅かされてもだめだという。最後に、アルコール依存症の専門家である精神科医を訪ねて、夫の治療を依頼した。

しかし、その精神科医は、夫に対して「酒をやめなさい」とは一切言わない。治療としてやることは、夫にあるがままの自分の置かれた状態をよく見つめさせ、夫自身にこのまま酒を続けることはできないと思うようにさせることだけだという。
これが医師としての権威で言うことをきかせることである。（なだいなだ　前掲書）

アルコール依存症の夫は、妻、親、会社上司、内科医など、さまざまな上位者の指示に従っていません。それゆえ、この夫に対して「酒をやめよ」と指示をしたとしても、それが有効でないことをこの精神科医は知っています。夫に「酒をやめよ」と指示をすれば、ますますこの夫は酒をやめなくなるでしょう。

だから、この精神科医は「酒をやめよ」という指示は一切しません。「やめよ」という指示は、今までの上位者の権力的なメッセージと同じように伝わるからです。この夫に対して精神科医としての権威を維持するためには、「やめよ」という指示は禁句になります。権威者としての精神科医は、命令をしないでその患者自身がやることを続けさせるだけです。

それが、最終的にこの患者が精神科医の指示に従うことにつながります。

なぜならば、〝あなたの思うようにやりなさい〟というメッセージは、その指示を与えられた者が何をやっても、結局はその指示を与えた者に従っているからです。このような医師の治療で患者は治癒しました。このように、患者の主体性や自発性を重視するというやり方はパラドックスを含み、権威を有効に活用する方法です。

家裁調査官の指示の仕方

ある少年は、父子家庭で幼少期から父親による虐待を受けていました。小学生時から万引きを繰り返すようになり、中学生時には対教師暴力を起こし、中学校卒業後には暴力団に入りました。その後も傷害などの粗暴事件を起こし、少年鑑別所収容歴も2回あり少年院にも入れられました。少年院でも教官に反抗し、仮退院後の保護観察にも従わず、暴力団の中で自分の存在を誇示していました。

以下の場面は、少年が17歳時に暴力団の抗争事件で少年鑑別所に3度目の収容をされた時の家裁調査官との調査面接です。

> 少年は足を投げ出したり腕組みをしたりしながらふて腐れていた。そこで、家裁調査官は少年に対して、家裁調査官用の椅子（肘あて付きの椅子）に座るように指示し、家裁調査官は少年用の椅子（パイプ椅子）に座って面接を始めた。

2回目の面接では、「肘あてがあるのだから、肘をのせて話すように」と指示した。つまり、直接言葉で表現するのではなく、椅子を利用して言外の意味で指示するというメタ・コミュニケーションのレベルで、権威者（少年にとっては権力者）に対してさらに威張るようにというメッセージを伝えたのである。その結果、少年の態度が徐々に変化し始め、足を投げ出すことをやめた。

その後の面接で、少年は座る椅子を元に戻して欲しいと訴えたが、家裁調査官はそれに応じずに面接を続けた。このような経過で、家裁調査官が少年との関係で主導権を握ることができ、少年は少しずつ家裁調査官の指示に従うように変化した。

この事例では、少年の生活歴に見られる、父親、教師、少年院教官、保護司、従前の家裁調査官などに対する態度で明らかなように、少年にとってはすべて敵対する相手として受け止められています。少年を罰して服従させるだけの権力者と認識されているのです。

少年はそれらに反抗してきましたが、反抗すればするほどさらに強力な権力で抑えつけられるという悪循環に陥っています。そうした反抗を続ける少年に対して、この家裁調査官は権力で抑えつけることは一切せず、逆に家裁調査官の椅子を少年に譲り渡すというメタ・コミュニケーションで対応しました。

このことには次のような意味があります。少年は家裁調査官に対して反抗することで支配されることから逃れようとしています。そこで、家裁調査官は少年の目的をそのまま受け入れて、「家裁調査官の椅子（上位の位置）に座りなさい」という指示をしました。その結果、少年は家裁調査官よりも上位の位置を占めることを家裁調査官に許可されたことによって、反抗することの必要性（下位の位置から逃れること）を失います。同時に少年は、家裁調査官の指示にも結局は従っているという、二重の関係に規定されてしまうのです。

権威・権力による指示

精神科医がアルコール依存症の夫に対して「酒をやめよ」とは決して指示しないことを述べましたが、家裁調査官もこの少年に対して「反抗することをやめよ」とは指示していません。さらに、少年の横柄な態度さえも禁止せずに、肘あてを使うことで、さらにそのような態度を強調するように奨励しています。

精神科医は患者から権威者として認識されていても、この患者がやっている行動を禁止しません。一方、少年から権力者として認識されている家裁調査官は、少年の関係の取り方を禁止しないどころか、更に許可を与えて「今の行動をもっとやりなさい」というメッセージを与えて奨励さえしているのです。

このアプローチの方法が、非行・犯罪性の根深い者や、権威・権力に反発する者に対する指示の与え方であり、関係の規定の仕方のコツです。すなわち、権威者としての有効な指示の出し方とは、相手の現在の行動を制限せず、行動の選択肢を広げて許可し、結果的に相手を自分の手の内に収めてしまうことなのです。

このような面接を契機にして、少年は徐々に家裁調査官に反抗することをやめ、さらに、家裁調査官の指示にも従うようになっていきました。なお、審判で家裁調査官は、少年を試験観察に付するように裁判官に意見を述べました。裁判官が少年に立直りの機会を与え、家裁調査官はそれを援助するということを明確に少年に伝えました。その結果、少年は、権力機関としてしか認識していなかった家庭裁判所が、少年に「罰」を下すだけではなく援助する力もあるということを知ったのです。

苦行療法（オーディールセラピー）

非行少年の更生の意欲、動機が乏しい場合は、非行や犯罪という問題行動を放棄せざるを得ない状況を設定することが必要になります。

システム論的家族療法家で戦略派と呼ばれるヘイリー（Haley, J.）は、いかなる心理療法においても、患者が症状や問題行動から治癒する過程では、治療に伴う「苦行」（オーディール）を実行するよりも治癒することを選択するとして、オーディールセラピー（Ordeal Therapy; 苦行療法）を提唱しました（Haley, J. 前掲書）。

治癒すること、すなわち変化するということは、今までの生き方を変えなければならず、患者には不安が伴います。また、症状や問題行動を抱えた患者にとっては、その症状によって疾病利得（患者が疾病によって得る心理的、現実的な利益）がある場合もあります。家族にとっては、その症状によって家族の問題が隠蔽されたり、家族の崩壊を防いでいるという面もあります。したがって、患者や家族にとって症状や問題行動は「必要である」とも言えます。そのため、患者や家族は、治癒したり問題を解決したりすることを望んでも、症状や問題行動を放棄することに大きな抵抗を示すことになります。

不眠症、夜尿症への苦行

たとえば、エリクソン（Erickson, M.）の症例（Edited by Jay Haley, *Conversation with Milton H. Erickson, M.D.* 1985）では、不眠症の患者に「一晩中起きてディケンズ全集を読みなさい」とか、「絶対に眠らないで、英単語を１００語暗記しなさい」という苦行課題を与えています。これは「治療的ダブルバインド苦行」「逆説的苦行」と呼ばれるものです。

不眠症の患者が全集を読まずに眠ってしまったら治療の成功であり、眠らずに本を読んだら治療者の指示に従っていることになります。どちらに転んでも患者は治療者の指示に従わざるを得ないのです。これが「治療的ダブルバインド苦行」です。

「絶対に眠らないで、英単語を１００語暗記しなさい」という課題は、患者が「眠れない」という症状を訴えることに対して、治療者は「絶対に眠るな」とさらにその症状を奨励するような指示を与えるのです。この指示が「逆説的苦行」です。

また、夜尿症に悩む少年には、「君の体力が余って熟睡できないことが夜尿につながっているから、夜尿をしたら必ず2マイルの散歩をしてくること」という苦行課題を与えています。

これらの常識的で遂行可能な課題は、いずれも患者にとっては辛いこと（苦行）なので、治療者に指示されたこの課題（苦行）をやり続けるより、早く症状を治して治療を終えることを選択するのです。

非行への苦行

しかし、夜尿や不眠などの症状と異なり、非行少年は非行を治したいとは思っていません。そこで、少年には次のようにはっきりと伝えることが必要です。「どのような非行でも警察の捜査、家庭裁判所での調査・審判があります。事件によっては少年鑑別所に入れられたり、少年院に送られたりして自由が拘束される〝罰〟を受けます」と司法の側面を強調し、「だから非行をやめなさい」と〝禁止〟して、「立ち直れ」と〝強制〟するのです。それが非行臨床における苦行（オーディール）になります。

どのような非行少年でも警察、家庭裁判所、少年鑑別所、少年院を嫌っています。少年には〝威嚇〟〝脅し〟だと受け取られても構いません。非行に伴う司法の側面を強調することに意味があります。

この点について、ヘイリーは「苦行のおもな必要条件はちょうど罰が、おかした罪に見合うものであるのと同様、症状と同程度かそれ以上に苦痛であること」「援助を求めていないのに強制的に治療にはいる人々は、この点もっとはっきりしている。すなわち、治療をやりとげるよう強制されること自体が苦行なのである」と述べています（Haley, J. 前掲書）。

非行の現実療法（リアリティセラピー）

犯罪・非行の治療に多大な成果をあげたグラッサー（Glasser, W.）は、現実を否定して虚構の中に逃げ込もうとしている犯罪者・犯罪少年に対して、彼らの非現実的な行動を毅然と否定し、現実世界を直視させることが重要であるとして、リアリティセラピー（Reality Therapy; 現実療法）を提唱しました（Glasser, W., *Reality Therapy* 1965／『現実療法―精神医学への新しいアプローチ』真行寺功訳、サイマル出版会 1975）。

グラッサーによれば、「非行、犯罪など非合理な逸脱した行動は、その人が現実世界で自らの欲求を充足しえない不全感の結果であり、それは現実世界の否定を意味し、虚構の世界に生きることを意味する」と言います。

リアリティセラピーの特徴は、過去や感情を扱うのではなく現実に焦点をあてること、責任性を付与すること、正・不正に基づいてアプローチすることです。

したがって、非行・犯罪の治療は、①まず、犯罪者を虚構から現実へと引き出し、現実世界を直視させ、ふたたび現実での行動を可能ならしめること、②そのために、治療者は犯罪者の非現実的な行動を毅然として拒絶すること、③そして、責任ある行動をとることを教え、欲求充足に助力すること、が重要であるとしています（Glasser, W. 前掲書）。

このようなリアリティセラピーの特徴は、非行・犯罪という法によって立ち上がる問題行動に適しています。法的権力が使えるからです。ただし留意しなければならないことは、このアプローチは未熟で自我の弱い者には耐えられず、現実からさらに逃避して問題行動をいっそう深めたりすることになりかねないということです。

オーディールセラピーとリアリティセラピーの必要条件

非行少年や犯罪者の治療では、ヘイリーやグラッサーが指摘している「苦行」「禁止」「否定」「強制」などをいかに臨床的に活用して展開させることができるかが要点になります。ここで注意しなければならないことは、非行・犯罪臨床において罰、禁止、強制などを挙げると、非行少年や犯罪者には厳罰で懲らしめることが彼らのためになるという短絡的対応に陥ってしまうことです。「厳罰で懲らしめる」などという考え方は、オーディールセラピーやリアリティセラピーと似て非なるものです。

ヘイリーは、「治療的な善意ある苦行と、治療者自身の利益、もしくは社会からのコントロールのための苦行とは厳密に区別しておく必要がある。盗人を入牢させることは苦行のカテゴリーには入らず、社会からのコントロールを実行する手段なのである。すべての治療者は、治療の名のもとに人々を迫害しないように注意しなくてはならない」「苦行は、人を苦しめようとはかる無知で無責任な人の手にゆだねられると危害をひき起こす可能性のある方法である」(Haley, J. 前掲書)と指摘しています。

この点は、司法の権力構造における非行・犯罪臨床においては、特に留意しなければならないことです。ただ苦痛となるような課題を与えても、それは単なる罰に過ぎず、非行・犯罪臨床としての治療的な展開にはなりません。

ヘイリーはオーディールを課すためには「博愛(benevolence)」、グラッサーはリアリティを直視させるためには「友愛」(the warm relationship)が、それぞれのセラピーにおける必要条件になることを強調しています。「博愛」とは非行少年、犯罪者を一人の人間として尊重して愛すること。「友愛」とは「だれかが私を愛している、また私もその人を愛しているという確信。私はその人にとって価値がある存在だし、その人も私にとって価値ある存在だという確信」（Glasser, W. 前掲書）であり、「博愛」「友愛」はまさに臨床的関わりの基本です。

非行少年、犯罪者はこうした親密な人間関係の形成に失敗しているため、さまざまな治療抵抗を起こして治療者・援助者の人間性を試そうとします。それゆえ、非行・犯罪臨床においては、治療者・援助者の誠意、真摯さが問われるのです。

おわりに

18年間、家裁調査官として少年事件、家事事件に携わり、その実践をもとに和歌山大学、京都女子大学、立命館大学で計22年間、非行・犯罪臨床、家族臨床の研究をしてきました。2022年、年齢的に一区切りとなり、以降は特任教授として研究を続けています。

本書は、その40年間に多くの非行少年との関わりや犯罪者の心理鑑定等で学んだ、「悪」の意味、非行・犯罪の解決法のエッセンスを多くの方々に知っていただきたく、新書としてまとめたものです。

I部「悪理学」は、本書のタイトルにした「悪さをしない子は悪人になります」とはどういうことなのかを、子どもの「悪」と非行・犯罪との関係についてさまざまな事例をもとにしながら解説しました。

子どもが非行少年・犯罪者にならないようにするためには、子どもの「悪」を圧し潰したり排除したりするのではなく、親や教師らとの関わりの中で「総体としての生身の子ども」に「悪」を位置付けることが秘訣だということを、事例を通して分かりやすく解き明かしたつもりです。

Ⅱ部「非行を治す」では、Ⅰ部をもとにしながら子どもが非行の予兆を示したり非行化した場合の対応について、家族、学校、司法関係機関の各段階における解決方法、治し方について具体的に説明しました。

本書が子どもの非行に悩むご家族、非行・犯罪に向き合う専門家の方々の一助となれば望外の喜びです。

最後になりましたが、本書の企画段階からきめ細やかなご対応をしていただきました、新潮新書編集部の横手大輔様に深く感謝申し上げます。

2022年12月

廣井亮一

本書の執筆に際しては、次の著書、編著をもとにしました。

『司法臨床の方法』廣井亮一著　金剛出版　2007
『カウンセラーのための法と臨床』廣井亮一著　金子書房　2012
『司法臨床入門』廣井亮一著　日本評論社　2012
『加害者臨床』廣井亮一編著　日本評論社　2012
『家裁調査官が見た現代の非行と家族』廣井亮一編著　創元社　2015

廣井亮一　1957年新潟県生まれ。家庭裁判所調査官を18年務めた後和歌山大学助教授、京都女子大学准教授を経て、2008年より立命館大学教授。22年より特任教授。臨床心理士、博士（学術）。

Ⓢ新潮新書

981

悪《わる》さをしない子《こ》は悪人《あくにん》になります

著者　廣井亮一《ひろいりょういち》

2023年1月20日発行

発行者　佐藤隆信

発行所　株式会社新潮社

〒162-8711　東京都新宿区矢来町71番地
編集部（03）3266-5430　読者係（03）3266-5111
https://www.shinchosha.co.jp

図版製作　クラップス
装幀　新潮社装幀室
組版　新潮社デジタル編集支援室

印刷所　株式会社光邦

製本所　株式会社大進堂

ISBN978-4-10-610981-2 C0237

価格はカバーに表示してあります。

Ⓢ新潮新書

903
どうしても頑張れない人たち
ケーキの切れない非行少年たち2
宮口幸治

965
ドキュメント小説
ケーキの切れない非行少年たちのカルテ
宮口幸治

520
反省させると犯罪者になります
岡本茂樹

659
いい子に育てると犯罪者になります
岡本茂樹

975
プリズン・ドクター
おおたわ史絵

彼らはサボっているわけではない。頑張れないがゆえに、切実に助けを必要としているのだ。困っている人たちを適切な支援につなげるための知識とメソッドを、児童精神科医が説く。

児童精神科医の六麦克彦が少年院で目にしたのは、罪を犯した加害者ながら、本来ならば保護されるべき「被害者」たちの姿だった――。累計100万部超えベストセラー新書を小説化。

累犯受刑者は「反省」がうまい。本当に反省に導くのならば「加害者の視点で考えさせる」方が効果的――。犯罪者のリアルな生態を踏まえて、超効果的な更生メソッドを提言する。

親の言うことをよく聞く「いい子」は危ない。自分の感情を表に出さず、親の期待する役割を演じ続け、無理を重ねているからだ――。矯正教育の知見で「子育ての常識」をひっくり返す。

純粋に医療と向き合える「刑務所のお医者さん」は私の天職でした――。薬物依存だった母との関係に思いを馳せつつ、受刑者たちの健康改善のために奮闘する「塀の中の診察室」の日々。